專題史叢書

周蓓 主編

中國關稅史

陳向元 著

河南人民出版社

主要敘述中外通商開始與古代關稅、武力壓迫下之海關新制度、列國侵略銳進與關稅變遷、民國肇基與參戰前後之關稅、關稅特別會議與列國態度等問題

圖書在版編目(CIP)數據

中國關税史 / 陳向元著. —鄭州 : 河南人民出版社, 2018. 6
(專題史叢書 / 周蓓主編)
ISBN 978-7-215-11518-7

Ⅰ. ①中… Ⅱ. ①陳… Ⅲ. ①海關-經濟史-中國 Ⅳ. ①F752.59

中國版本圖書館 CIP 數據核字(2018)第 069211 號

河南人民出版社出版發行
(地址：鄭州市經五路 66 號　郵政編碼：450002　電話：65788036)
新華書店經銷　　北京虎彩文化傳播有限公司印刷
開本　710 毫米×1000 毫米　1/16　印張　22
字數　280 千字
2018 年 6 月第 1 版　　2018 年 6 月第 1 次印刷

定價：176.00 圓

出版前言

中國現代學術體系是在晚清西學東漸的大潮中逐步形成的。至民國初建，中央政治權威進一步分散和削弱，加之新文化運動帶給國人思想上的空前解放，新學的啓蒙，新知識分子的產生，民國學術如草長鶯飛，進入一個自由而蓬勃的時代。中國傳統學科乃中國學術之根基與菁華所在，民國學人采用『取今復古，别立新宗』之方法，引入西方的學術觀念，積極改造，使史學、文學等學科向現代學術方向轉型。此外，大力推介西方社會科學的新學科和自然科學，在學習、借鑒乃至移植西方現代學術話語和研究範式的過程中，逐漸建立中國現代學科，使中國的學科門類迅速擴展。一時間，新舊更迭，中西交流，百花齊放，萬壑争流，開創了中國現代學術的源頭。

伴隨知識轉型和研究範式轉换而來的，還有學術著作撰寫方式的創新。中國古代的著作向來以單篇流傳，經後人整理匯編後，方以成册成集的面目出現并持續傳播。直到十九世紀末，東西方的歷史編撰體裁不外乎多卷本的編年體、紀傳體和紀事本末體等，章節體的出現標志着近代西方學術規範的産生和新史學的興起。章節體具有依時間順序，按章節編排；因事立題，分篇綜論；既分門别類，又綜合通貫的特點。以章、節搭建起論述之框架，結構分明，邏輯清晰，較傳統的撰寫體裁容量大、系統性强。它的傳入，使中國現代學術體系從内容到形式被納入了全球化的軌道。民國時期專題史的研究、譯介、編纂、出版恰恰是在這樣的背景下欣欣而發，是學術的實驗場，也是歷史的記録儀。編選『專題史』叢書的初衷正是爲了從一個側面展示中國學術從傳統向現代過渡的歷史進程。

專題史是對一個學科歷史的總結，是學科入門的必備和學科研究的基礎，也是對一個時代艱深新鋭問題的解答，是學術研究的高點。民國專題史著作中，既包含通論某一學科全部或一時代（區域、國别）的變化過程的，又囊括對一時代或一問題作特殊研究的，還有少部分是對某一專題的史料進行收集的。原創與翻譯并重，翻譯的底本大多選擇該學科的代表著作或歐美大學普及教本，兼顧權威性和流行性，其中日本學者的論著占據了相當比重。日本與中國同屬東亞儒家文化圈，他們在接納西方學術思想和研究模式時，已作了某種消化與調適，從思維轉換的角度看，更便于中國借鑒和利用，他們的著作因而被時人廣泛引進。

與當代學術研究日趨專業化、專門化、專家化的『窄化』道路迥乎不同的是，中國傳統學術崇尚『學問主通不主專，貴通人不尚專家』的通識型治學門徑，處于過渡轉型期的民國學術在不同程度上保留了這種特徵。民國學術大師諸學科貫通一脉、上千年縱横捭闔之功力自不待冗言，外交家著倫理政治史、文學家著哲學史、化學家著戰争史等亦不乏其人，民國專題史研究呈現出開放、融通、跨界撰述的特點。與此同時必須看到，自晚清以來，中國的命運就在外侮屢犯、内亂頻仍的窘境中跌宕彷徨，民族存亡仿若命懸一綫。這股以創建學科、總結經驗、解決問題爲指歸的專題史出版風潮背後，包裹着民國學人企望以西學爲工具拯民族于衰微的探索精神，及以學術救亡的愛國之心。梁任公曾言：『史學者，學問之最博大而最切要者也，國民之明鏡也，愛國心之源泉也。』這種位卑未敢忘憂國的歷史使命感和國民意識是今人無法漠視和遺忘的。

『專題史』叢書收録的範圍包括現代各個學科，不僅限于人文社會科學，學科分類以《民國總書目》的分科爲標準，計有哲學、宗教、社會、政治、法律、軍事、經濟、文化、教育、語言文字、中國文學、外國文學、中國歷史、西方史、自然科學、醫學、工業、交通共19個學科門類。本叢書分輯整理出版，内不分科，單本發行，方便讀者按需索驥。既可作爲大專院校圖書館、學術研究機構館藏之必備資源，也可滿足個人研讀或興趣之收藏。

與目前市場已有的一些專題史叢書相比，這次『專題史』叢書具有規模大、學科全、選本精、原版影印的特點。本叢書選目首重作者的首創、權威和著作影響力，尤其注重選本的稀見性。所謂稀見，即新中國成立後没有再版，且多數圖書館没有收藏，或即便有收藏，也是歸于非公開的珍本之列予以保存，普通讀者難以借閲。部分圖書雖有電子版，但作爲學術研究的經典原著讀本，紙質版本更利于記憶和研究之用。本叢書精揀版本最早、品相最佳的原版圖書作爲底本，因而還具有很高的版本收藏價值。

『專題史』的著作是民國學者對于那個時代諸問題之探究，往往有獨到之處，無論其資料、觀點短長得失如何，要之在中國現代學術史的構建與發展進程中，自有其開宗立論之地位。

自序

余束髮受書。粗知時務。適承外侮侵尋。國疆日削。憤激之餘。無日不以整軍與理財自勗。二十年來。人事蹉跎。世險周歷。此志固未嘗一日渝也。今天下洶洶。談兵者多。横扇搆難。相望於道。與余之所謂整軍者。相去益遠。余之不能苟同於今之談兵者。亦猶彼之不能強同於余也。至理財之道。既非生平所專學。顧解甲而後。厠班司農。雖六易寒暑。然涯涘僅測。堂奧未窺。安敢自附於著作之林。侈談其得失。祇以中更從事市廛。講求貨殖。於世界金融消長盈虛之理。國內經濟錯綜變化之源。目染耳濡。雖不無所得。以學非專門。終未敢遽爲論列。去年主經濟報筆政。始以討論財政經濟問題。探索源流。搜求往蹟。複雜縱横。驚心怵目。益懔關稅束縛。不特制我國財政之死命。實且置社會產業於絕地。其禍之烈。更甚於洪水猛獸。因思所以大聲疾呼。與全國人共雪此恥。故多方蒐輯。遂編次而藏之。以備貢諸留心吾國關稅者。第脩名未立。世方以成敗論優劣。異同定是非。以言炫世。

非所敢望於今日也。乙丑夏滬難作。國人爭關稅自由。惟恐或後。於是關稅問題。益爲世所重視。卓識之士。振臂於前。執戈之人。顧盾於後。其間利害得失。中外情勢。固有強弱之不同。然公理所在。外人決未敢盡行抹煞。胥視我所持以與周旋者何如耳。譬如良醫治病。先之以窮源審脈。後乃定案處方。投以藥石。不問其病之輕重或得治與否。皆不能越此一定之程序。此盡人而知者也。今關稅會議。爲期伊邇。國中出版界闃寂如故。但聞關稅自主之聲。甚囂塵上。鮮見學者專家。屏思衡慮。就關稅已往癥結。爲解剖之宣示。俾國人咸知關稅束縛之所由來。與既往及未來之禍害。並今後我國人所當努力之道。爲對症投藥之補救。是爲余所日夕寢處不遑者也。暑窗新病。偶檢塵篋。得所輯稿。次爲章節。都十萬餘言。海內知愛。慫恿付刊。以公諸世。竊思人之愛國。誰不如我。前車可鑒。來軫方遒。區區貢獻。聊盟方寸。繩以窮源審脈。或有一日之長。若謂定案處方。還俟健者。非余之所克承也已。乙丑孟秋陳向元自序於宣南有不爲齋。

例言

一·是書之作。先由研究廢除不平等條約而起。曾召集關稅特別會議。以中外不平等條約。足爲關會之重要材料。用特彙編成書。名曰中國關稅史。

一·本書內容。爲謀閱者便利起見。故所採材料。但錄其精華。俾留心關稅者。手置一編。斯始末情形。瞭如指掌。

一·是書本擬於上年十月出版。嗣因事南下。即中輟。本年六月回京養疴。以前稿業經印竣。散棄可惜。適閩侯江古懷君來京。用將已蒐輯之材料。托江君編成第五章全章。俾是書得以完成。良深感謝。

一·是書因時日匆促。其中挂一漏百。在所難免。深望閱者隨時指教。尤爲感佩。

一·是書採錄各國條約。其中爲因果關係。不免旁及於中外間戰爭情形。甚望閱者諒察。

一·是書蒐輯材料。間多藉重張宓公君補助。特此誌謝。

民國十五年，八月，著者附識

中國關稅史（中國關稅痛史）目次

中國關稅痛史

第一章 中外通商開始與古代關稅

第一節 歐洲諸國來華與互市

大秦來獻開東西洋航路

對外貿易關稅制度之創始

中外通商之開始。亞洲諸國。早在秦漢。至於中歐交通。則在東漢桓帝延熹九年。（西曆一六六年）大秦（今羅馬）遣使經日南（今安南）來獻。是爲歐人來華之鼻祖。亦開東西洋航路之第一聲也。迄於三國時代。數有往來。類以交趾爲樞紐。隋時外國商賈之至者漸多。特設互市專官四方使者。以掌各國互市事。其時尙無所謂關稅。不過商賈所獻之貢品與一種之手續費而已。唐代西船之來華者日夥。置互市監掌其事。幷設市舶司於廣州。置提舉官領之。徵收稅餉。列爲歲入。是爲對外貿易關稅制度之創始。宋時一因唐制。且於廣州之外。增設泉杭明密四州市舶司。課稅視唐時爲重。北宋伐遼。南宋拒金。征繕之賦。多取給於此

元時關稅制度較備於前

元代市舶之盛。為歷朝以來所未有。上海、澉浦、杭州、溫州、泉州、廣東、慶元、均設市舶司。其稅率凡貨物精良者皆十取一。粗糙者十五取一。制度較備於前矣。

唐宋之際。握太平、印度、大西、諸洋海權者。為阿拉伯、波斯、二國。即唐書所稱為大食、波斯也。至元時。則阿拉伯、波斯、勢漸不振。起而代之者。為西班牙、葡萄牙二國。羅馬、意大利、法蘭西、間亦有東來者。然方諸西葡二國。其勢遠不之及也。明洪武初仍襲元制。設市舶司。置提舉官於太倉黃渡。旋罷。嗣復設於寧波泉州廣州。惟因日本數擾海疆。叛服無常。尋復罷市舶司。且禁沿海居民及守備將卒與海外諸國私通。永樂之初。國力富庶。各國商賈之來互市者。多稱入貢。貢使日多。乃置驛福建、廣東、浙江、三市舶司以館之。嗣又增設雲南市舶提舉司。以接西南諸國入貢者。其時航海之術漸精。成祖開疆拓土。日以遠揚國威於海外為務。遂有三保太監鄭和通使西洋之命。歐亞航路。益見利便。是為國際通商之動機。

各國商賈來互市者多稱入貢

葡萄牙既以航術稱雄西歐。勤求遠略。已闢印度而有之。羨我中土。遣使入貢。

明代中葉准葡人租地互市

葡人在澳門設置官署開市互易

英兵艦陷虎門遂獲通商

間年必至。世宗之季。因指定以澳門爲其貢船停泊之所。蓋爲優待重洋來朝之使臣。非有開海禁准互市之意也。自是葡人來者漸衆。散處於六川、電白、澳門者。增至六百餘人。尤以澳門爲多。明廷未之措意。復有都指揮黃慶者。爲其請互市。歲納地租二萬金。許之。乃海道副使汪柏昧於時勢。不知嚴劃疆界。以固吾圉。於是葡人藉口貢船遇險。乞地曬曝。歲必數起。日漸月滋。拓地漸廣。思宗季年。葡人竟於澳門設置官署。開市貿易。無復前此顧忌矣。時西班牙人率艦隊自大西洋經由南美洲。渡太平洋。達菲律濱群島。占領之。置馬尼剌爲都會。遣使申請與我國通商。以葡人從中阻梗。遂寢其議。時荷蘭、英吉利。皆有來者。悉以澳門居之。惟見扼於葡人。通商迄無成議。荷人轉之台灣。英人以計不得逞。數以兵艦犯虎門。陷之。至是遂獲通商。未幾。明社鼎革。事復中輟。有清建國。版圖益廣。法蘭西、荷蘭、英吉利、意大利、諸國。相繼來互市。仍以澳門一隅爲限。惟英吉利以台灣鄭經之允許。得出入於安平、厦門。間厦門貿易以盛。康熙二十二年。平定台灣。海疆漸告

置江海浙海閩海粵海四榷關

尼布楚條約中外締約之嚆矢

許俄國商隊至北京

甯靖。詔開南洋海禁、置江海、浙海、閩海、粵海、四榷關。於雲台山、甯波、漳州、澳門。設海關監督司其事。管理東南沿海各港口稅餉事務。蓋襲前代市舶司之制度也。

第二節　中俄互市與締約

俄國與我國國境毗連。西迄新疆。東盡於海。沿國界九千餘里。明季以還。俄人侵擾邊陲。踰越疆界。歲不絕書。康熙二十四年（一六八五年）俄人復來犯。命黑龍江將軍薩布素圍雅克薩城。克之。越四年。俄人請劃國界。遂與訂尼布楚界約。此爲中外締結條約之嚆矢。約凡八欵。除劃定兩國界址外。其第六條云。『兩國既永遠和好。嗣後往來行旅。如有路票。聽其交易。』是亦中俄貿易之開始也。上約既立。兩國國境間貿易漸繁。俄人復謀經營內地商務。康熙三十二年。遣使要求派遣商隊至北京。清聖祖許之。惟規定商隊限二百人。每三年得至北京一次。所有貿易免稅。並得建立商館居住。以八十日爲限。俄人得至內地經商。實自此始。嗣後俄人遵約往來。數十年相安無事。及康熙五十八年。俄國復遣使請改訂

續訂恰克圖等條約

商約。清廷未許。雍正五年（一七二七年）俄國再遣使申請劃蒙古、西伯利亞疆界。清廷始派員與俄使訂恰克圖條約。詳訂通商事務。以次訂立布連斯奇約。阿巴哈依圖約、色楞額約。均係劃分國境之條約也。

國境貿易無稅協定

恰克圖條約凡十一款。內容對於劃界及京城設館、處置逃犯。皆有明瞭之規定。於貿易範圍亦多所擴大。其第四款云。『兩國通商。其人數仍照原定。不得過二百人。每間三年進京一次。除兩國通商外。有因在兩國交界處所零星貿易者。在色楞額之恰克圖、尼布楚、地方。擇地建蓋房屋。情願前往貿易者。准其貿易。毋庸取稅。均指令由正道行走。倘或繞道。或有往他處貿易者。將貨入官』成立國境貿易無稅之協定。及乾隆二年。停止北京貿易。歸併於恰克圖。以是恰克圖貿易更臻繁盛。後因俄人漸渝禁約。私收貨稅。我國商人爲謀利計。亦陰增貨值以資抵償。又以居住混雜。邊人互有遺失馬匹。俄國輒以少報多。數至逾千。移文責償。清廷怒俄人無禮。嚴令閉關。停止貿易。乾隆三十三年。俄人遣使請開關交易。

由理藩院與議。訂定恰克圖互市章程十三欵。嚴定私稅逃犯諸事。互市如初。不數年。復以俄國私行課稅。袒庇逃犯。停市至乾隆五十七年（一七九二年）復以俄人籲請再三。重訂恰克圖市約五條。恢復貿易數十年。中關禁旋啟旋閉者凡三。可見其時我國對外之威權矣。

我國對外之威權

第三節　英國對華易之外交策畧

海上貿易。因西船東來。日增月盛。交接既繁。漸見多故。乾隆間。葡萄牙海上勢力。漸替。英國起而代之。始則建商館於廣州。繼復別求貿易地於浙江之舟山、寧波、等處。緣其時浙海關稅則。視粵海關爲輕。於是內外商賈。趨之若鶩。貿易日盛。交涉日多。海盜橫行。無法取締。清廷乃更定浙海稅則。視粵海加重。以爲限制。使外人咸集於一定地點。易於稽查。復頒華洋雜居之禁令。取締外人來往。與外國船舶出入甚嚴。與英國對華侵畧之野心。正相抵觸。適俄國已獲與我國遣使締約通商設館之訊。遍傳歐洲。爲各國外交界特別重視。英國益覺對華外交之不

英國初次遣使至北京之要求

可落後。且感與地方官吏交涉之留難。遂於乾隆五十七年。遣正使馬甘尼。副使斯當東至北京。要求通商五事如左。

一．派員駐紮北京。管理該國商務。

二．劃定寧波、舟山、天津、廣東、爲兩國貿易地點。

三．准援俄國先例。在北京設立商館。

四．准英人得在廣州、舟山、附近居住。及存貯貨物出入自由。

五．廣東內河貨物運輸。請免稅或減稅。

英使經內地赴粵窺我堂奧

清高宗以所求逾分。令廷臣駁斥無遺。惟覆書奬英王忠順。遣令該使回國。時英使來船已返泊舟山。得遵內河赴浙。復由浙經腹地之粵。窺得我山川地理物產之秘奧。歸報該國。自是英國商人。陽以通商爲名。陰則爲其政府窺探海灣形勝。攜來兵艦。較前益多。因之我國沿海虛實。於時盡入英人指掌之中。國防不備。豈必俟諸鴉片戰爭而後知耶。今之論者。咸謂清代外患。乃由清廷排外攘夷有以致之。然攷當時通商實況。外人來華。自始即懷非分覬覦之心。勾結海盜。肆擾海疆。時有所聞。無怪清廷之一再峻拒。吏民之深惡痛絕。斯後廣東所發生不幸之事變。其責任實應由英人負之也。

第四節　清代之國定關稅

清代關稅制度前後迴異

中外通商之歷略。與歐人東漸經營遠東之遞嬗。遠之有關於關稅制度之源流。近之則繫乎吾關稅痛史之發䝉。故提綱挈領。列述於前。清代海運大開。西船麕集粵、閩、蘇、浙四榷關。旣立關稅制度。更備於前。惟因國勢變遷。前後迴異。別爲兩種時期。（一）國定關稅時期。（二）協定關稅時期。自開國以迄道光二十二年南京條約以前。是爲國定關稅時期。其後則爲協定時期矣。清代國定關稅行政。如何殊屬難問。以其時國內貿易之稅收。舊設有常關管理。後之粵、閩、蘇、浙四榷關。雖爲對外貿易而設。然仍並管國內貿易之徵稅。以致華洋稅收混合不分。及乎同治四年。始分別國內貿易屬於常關。國外貿易屬於榷關。然仍不過劃

徵稅則例

爲兩部辦理初非另設一關故其行政直與常關無二也(常關當於下章述之)

至當時徵稅則例。分爲正稅、比例、估價三種。正稅即須行之制定稅則。比例、即貨物在制定稅則內所未列者。按貨値貴賤比例徵收。估價、即貨物既爲制定稅則所未列。又不適於比例方法。惟有估計貨價。按値課稅也。又其時所徵取之關稅。除特種制度之船鈔外。有進出口正稅、附加稅、手續費、三種。

船鈔　即課出入西船之特稅也。最初船鈔分三等徵收。一等船徵銀三千五百兩。二等船徵銀三千兩。三等船徵銀二千五百兩。至康熙三十七年改爲按丈量計算。亦分三等。一等船每一單位。課銀七兩七錢七分七厘。如長七丈五尺。闊二丈四尺。長闊相乘爲十八丈。徵船鈔一千四百兩。二等船每一單位。課銀七兩一錢四分二厘。如長七丈。闊二丈二尺。長闊相乘爲十五丈四尺。徵船鈔一千二百兩。三等船每一單位。課銀五兩。如長六丈。闊二丈。長闊相乘爲十二丈。徵船鈔六百兩。(上項丈量方法係按舊法計算)

進出口正稅　進口正稅稅率四分。（值百抽四）出口正稅稅率一分六厘。（值百抽一·六）分衣服、食物、用物、雜貨四類。此爲康熙間所制定。後以出口貨物。逐年有增。國內物價騰貴。於雍正六年加課出口正稅一分。總值百抽二·六耳、其時進口稅重於出口稅。頗合產業關稅之原則也。

附加稅與手續費　附加稅係按正稅加徵一二成。而視貨物貴賤以爲等差。手續費則爲貨物過磅或驗數所取之費。約爲正稅與附加稅和數之二成。

國定關稅不能發揮本能原因

觀上述諸端。其規定尚稱精密。惟以徵收關吏未能切實奉行。徵稅手續又係由牙商包辦（即特許之經紀商人）以致弊竇叢生。稅則等於虛設。清代百餘年來之國定關稅絲毫不能發揮其本能。惜哉

第二章　武力壓迫下之海關新制度

第一節　鴉片戰爭和約與關稅協定

英國自前次遣使入京。所求未遂。至嘉慶間。復兩度遣使要求締約。清廷均不

鴉片流毒日烈

勵行煙禁爲戰爭之起因

之許。然英人欲闢遠東利源之野心。初不稍遏。道光十六年。（一八三六年）遣甲必丹義律爲領事。來駐廣州。辦理英國交涉事務。時英商多營鴉片業流毒幾被全國輸入之數逐年有增計自嘉慶二十一年至道光十六年二十年間。鴉片輸入之數。由三千二百十箱。遞增至二萬七千一百十一箱。其價值由三百六十五萬七千元。激增至一千七百九十萬四千餘元。不但每年流出如許鉅額之現金人民吸食受毒者日夥國計民生被禍甚烈廷臣疆吏交章請禁鄂督林則徐言之尤切宣宗韙其議遣則徐查辦廣東海港通商事務。勵行禁絕鴉片貿易特訂船舶入口禁條。凡商船入口者。均須具結夾帶鴉片。船貨入官人即正法。嗣勒令西商繳出所存鴉片先後共二萬一千七百箱悉數焚燒英領義律告急於英政府請派軍艦爲援。及印度總督派軍艦數艘至澳門擊沉水師砲船數艘。清廷聞訊。令停止英商貿易戰機遂啓。

當義律之請援也。英政府先令印度總督遣艦示威。强索煙價。恢復通商。時清

英人士對鴉片戰爭態度

英艦內犯提出議和條件

廷聞英人以兵相脅怒其無禮嚴拒之戰釁旣開英政府乃向議院提出協助出兵軍費案其時英國國內人士多不直其政府所爲自由黨議員攻擊政府不當援助不道德之商人舌戰至於三日之久然卒以九票多數協贊出兵以軍艦二十六艘犯廣州因林則徐已嚴修軍備不克逞引攻定海陷之復引趨渤海進白河直抵天津向直隸總督提出賠償軍費開闢廣州、厦門、福州、定海、上海、爲通商口岸等議和條件清廷許其回粵商議辦理卽褫林則徐職以謝英人命琦善爲粵督與英人議和琦善赴粵撤除軍備一反則徐所爲英領見其易與復以武力威脅要求割讓香港琦善不得已允之清廷得報大怒和議破裂英軍陷廣州其艦隊復襲厦門、舟山、鎭海、寗波、均陷之北取崇明泝江而上直撲鎭江江寗清廷以敗耗頻傳勢知不敵及英艦抵江寗遂迫爲城下之盟派耆英、伊里布爲議和大臣於道光二十二年七月二十四日（一八四二年八月二十九日）與英人議訂通商和約十二欵割地賠欵開放諸港國權喪失所不忍言是卽我國第一

第一次最大恥辱之南京條約

次最大恥辱之南京條約亦關稅痛史之發凡起例也。茲將該約重要諸款節錄要旨於次。

一．開放廣東、福州、廈門、甯波、上海、五港。許外人居住貿易。

二．割讓香港歸英國。爲修理船舶貯藏船舶用品之所。

三．取消牙商規則。承認自由貿易。

四．賠款二千一百萬元、

五．准英國在以上五口。派設領事管事等官。專理商賈事務。并照料交納貨稅鈔餉等費。

此外尤有與通商最關重要之第十款。爲關稅協定之造因者。其原文云。『前第二條內言明開關。俾英國商民居住通商之廣州等五處。應納進口出口貨稅餉費。均宜秉公議定則例。由部頒發曉示。以便英商按例交納。今又議定英國貨物自在某港按例納稅後。卽准由中國商人遍運天下。而路所經過稅關。不得加重稅例。只可照估價則例若干。每兩加稅不過某分」。

翌年。英人根據上約開埠稅則諸欵之規定。與我國議訂五口通商章程十五欵。出口稅則十二類。計六十七種。進口稅則十四類。計九十六種。是爲第一次中外協定之稅則。嗣又訂立五口通商附黏善後條約二十欵。即世所稱之虎門條約也。

第一次中外協定之稅則

中英五口通商章程。所訂洋商行船、交易、納稅、以及交涉諸欵。規定均甚明晳。茲錄其重要各欵要旨於次。

五口通商章程

一・貨船進口報關　英國船到口。其船主限一日內赴英國領事官署。將船牌、艙口單、報單、等件交領事官查存。通知海關。以憑抽驗明確。方准予開艙卸貨納稅。

一・貨船按噸輸鈔　英船進口。照船牌開明所載若干噸數納稅。所有船鈔舊列叔肖。

一。進出口貨納稅　進出口貨物均按新定則例。五口一律納稅。此外各項規費。絲毫不能增加。

一。秤碼丈尺　各口秤貨之大秤。兌銀之磅碼。量物之丈尺。均仍粵海關向用之式。

一。中英商民交涉詞訟　英商控告華民。先赴管事官處投稟。候查明是非調處。如有華民赴英官處控告英人。管事官均應聽訴調處。若交涉詞訟爲管事官調處不下。即移請華官公同查明。秉公審理。各按國法科罪。

一。英艦停泊口內　通商五口。每口准英艦停泊一隻。

一。英商貨船担保　向例英商船進口。出入口貨稅均由牙商代納。現牙商裁撤。改由英官担保。

治外法權斷送之始

觀上列諸欵。議改舊章。英艦口內停泊。臥榻之旁。容人酣睡。今日各國軍艦橫行內江。此其嚆矢。更可痛者。中英商民交涉詞訟。予英國管事官以司法之權。治外法權之斷送實基於此至於進出口貨納稅之新則例。與貨船按噸輸鈔。均予我關稅上以不利。茲分別述之。

值百抽五協定

進出口稅則　進出口正稅。均定爲每貨價百兩抽銀五兩。是即「值百抽五」之協定。惟進口之木料。如紅木、紫檀、黃楊。又銅鐵鉛錫類等。如黃銅等。以及香料。凡爲稅則所未賅載者。均按價值百抽十。至於稅率分爲從價稅、從量稅、兩項。從價稅即按值計稅。從量稅係按貨物斤或件之值。基於值百抽五計算而得之稅率。此外免稅貨物之規定。出口有金銀洋錢、及各金銀類與建築用之磚瓦等。進口有金銀、洋錢錠錁等。

噸稅　即替代舊日船鈔之課稅。船鈔按丈量計稅。噸稅則按載量計稅。凡百五十噸以上船舶。每噸徵銀五錢。百五十噸以下船舶。每噸徵銀一錢。以視舊日之船鈔。輕重懸殊。若用比例計算之。且不及十分之一矣。

當協定稅則時。以我國與議大臣耆英等。不察世界潮流。未知爭取互惠協定。

協定稅則遺誤之點

耆英解釋稅則協定之奏疏

以致洋貨至中國納輕稅。國貨至外國納重稅。而鑄成片面協定之大錯。且進出口稅率一律。大有礙於輸出貨物之前途。是蓋耆英輩但以目前比較的稅收增加爲利。初不審世界尙有保護財政自由等項關稅之意義。試觀其關於協定稅則時之奏疏。即可知之矣。

竊查粵海關進出口貨物。百餘年來。遞有變更。即如進口洋貨。向多奇巧玩好。而近年以棉花爲第一大宗。出口各貨。向重綢緞湖絲。而近年則以茶葉爲第一大宗。如此二宗稅餉。得有加增。則其餘無論增減。均於稅務之贏絀。不致大有出入。前此伊里布督飭委員。與之往復詰難。而稅例不能遽定者。皆由茶棉二項。該夷等不肯聽命增稅故也。檢核粵海關稅則。每年應征正稅及盈餘銀八十九萬九千餘兩。其額外盈餘約收二十萬兩及三四十萬兩不等。茶葉一項。每年出口約計四五十萬担。棉花一項。進口約計五十一萬三千餘担。舊例茶葉每担以一百斤計算。應徵正耗稅銀及各項歸公規費共銀九錢二分零、及八錢七分零不等。棉花每担亦以百斤計算。應徵正耗稅銀及各項歸公規費。共銀二錢一分零。督臣祈墳督飭黃恩彤等與夷目議明。茶葉每担以二兩。爲額。棉花每担以三錢。爲額。較舊例。本已有增。奴才復與樸鼎查商定茶葉每担。增至二兩五錢。較舊例稅規計增一倍。棉花每担增至四錢。較舊例稅規計增。幾及一倍。茶葉以四十五萬担計之。每年約可收稅銀一百十餘萬兩。棉花以五十一萬三千担計之。每年約可收稅銀二十萬五千餘兩。即此二宗。已足抵粵海關歲入正額盈餘之數。且此二宗均屬粗重之物。偸漏易於稽查。徵收較有把握。其餘各貨稅減者。固不能無。而增者亦復不少。且有舊例漏未徵稅新議增入者。通盤核算。實屬有盈無絀……

虎門條約
最惠條款

虎門條約係依照通商章程。及新定稅則之施行。加以解釋。或補充其意義。不再具述。其第八款係今世外交史著稱之最惠條款。其約文云『如蒙大皇帝恩准西洋各國商人一體赴福州、厦門、寧波、上海、四港口貿易。英國毫無靳惜。但各

先後與美法義瑞訂通商章程

法國之外交手腕與對華野心

國既與英人無異。設將來大皇帝有新恩施及各國。亦應准英人一體均沾。用示平允。』蓋英人審各國必繼起要求各口通商。藉辭以成立此項最惠條款之實施耳。此後各國條約。多援例要求此項條約。如是一國得利。列國共享。迄乎今日。修訂條約。改正稅則。非得締約國全部同意。難望見諸實施。門戶開放機會均等。實本此最惠條款而來也。

英國既用武力。取得遠東貿易優越地位。其他各國亦接踵而起。援例要求訂立通商條約。時淸廷尙以天朝自居。惑於招携懷遠之說。一一許之。先後與美利堅、法蘭西、義大利、瑞典、四國。訂立五口通商章程。大都依據英國諸項條約。無甚出入。惟法國章程。對於治外法權。除英約所載外。加列『法國商民在五口地方。如有不協爭執事件。均歸法官吏辦理。其法人與外國爭執情事。中國官不得過問。』一款。其規定更較明確。至最惠條款。亦爲法國所取得。且加列『別國所定章程。不在法國此次所訂條約內者。法國官商不能限以遵守。』諸語。以確定此最惠條款係片面之意義此外對於進出口貨物中之無稅品與違禁品之範圍亦加限制之協定其第六條云『中國不得於例載各貨物別增禁止限制之條如將來改變則例應與法蘭西會同議允後方可酌改……』是則中國政府於約定貨物以外不特不能增加違禁品與專賣品且不許變無稅品爲有稅品此亦足見法國當時外交之手腕與對華之野心也

上海租界緣起

先後劃定英美法租借區域

更有因開埠通商而發生之重大事件即上海之劃出租借區域是也南京條約各國通商章程規定准外人通商口岸居住自由上海經蘇松太道指定黃浦灘沿岸已開闢地方爲外人卜居之處但不准購置地產英人以如此則居住極不自由疊次力爭當道乃改爲永遠租借年納租銀由道署發給租據仍不准價買也道光二十五年特立地產章程劃出洋涇濱以北李家場以南沿黃浦一帶准租地建屋嗣美法二國繼起要求道光二十八年劃蘇州河以北爲美國租借區域翌年劃寶山城河至洋涇濱爲法國租借區域英人復乘時要求重定界址

租界管理權之放棄

推廣至蘇州河南岸。至是各國領事。即於已國區域極力設施。荒野之區。漸成繁盛之市。然管理之權。尙操我國也。迄於洪楊變起。地方官吏。無暇顧及租界治安。許各國自設警察。無形放棄租界之管理權。漸次而主權剝削淨盡。喧賓奪主。因成今日之租界制度焉。

第二節　五口通商與英人掌握海關

五口通商後之貿易與關稅

鴉片戰爭之結果。各國對華貿易範圍既已擴張。又得通商上之保護與自由。在勢中外貿易應日蓬勃。然而自道光二十三年至咸豐四年。十餘年間。貿易上。殊無良好現象。關稅上亦無絲毫成績可言。是雖新舊海關行政之過渡。與洪楊之事變。種種原因。要亦清廷上下。於喪師割地之餘。尙不警惕以圖善後。主持洋務者。但以因循敷衍。不生事端。取巧固位。以致通商行政。淩亂無章。如是以言進步。其可得耶。

五口通商任地方官兼理

當五口開放之時。清廷任用地方官吏。兼管各口通商事宜。福州厦門兩港。均由福州將軍兼理。上海由蘇松太道兼理。寧波由寧紹台道兼理。廣州仍由粵海關監督充任。此輩官吏。思想陳舊。對於通商行政。既無舊章。可以率由。更乏新知。用資因應。加以外人恣肆之反感。而存恢復舊制之觀念。且新立協定。盡反舊規。習慣既不易除。辦事諸多棘手。關吏牙商、等以條約限制。無利可圖。不免與洋商互相結托。別闢營私之逕。規則雖已明定。辦事多不奉行。因之課稅無方。諸凡紊亂。偷關漏稅。不一而足。關稅之無進益。此其故也。

四口貿易不振

至於貿易之不振。廣東方面。以係鴉片戰爭之發源地。所受激刺甚深。商民多不願與洋商交易。寧波則亦如之。福州以係新闢口岸。地方官吏人民。與外人更形隔膜。通商者寥寥。廈門則以砂糖出產之區。且華工出口者多。貿易略較發達。惟上海因得地理上之形勝。握長江貿易之樞紐。又以洪楊事變。縣城雖失。租界一隅。以外人關係。得保全為中立區域。用是商賈輻輳。貿易甲於諸口。但秘密運輸盛行。關稅上僅比較的起色而已。

香港澳門國法不及

此外沿海岸之香港與澳門。因完全為外人盤踞。國法所不能及。不逞之徒。遂得利。用以營秘密貿易。海盜尤以爲逋逃之藪。時出肆擾。沿岸商船。地方官吏無法勦捕。外人之不法者。起而投機操護船之業。以西船護送華船。防海盜襲擊。然又多與盜相通。其弊更甚。同時尤有辱國之舉。華商商船均由香港政務廳及五口領事處註册領用英國船證。藉英旗以爲對待關吏之護符。我國以此顯然係英人之非法包庇行爲。累加抗議。英人反相非難。中外官吏。水火日深。英法戰禍之釀成。此其主因也。

華商辱國之舉

英人謀攫我海關行政權

上海無稅世界與領事代徵制起滅

同治元年（一八五〇年）洪楊之變既起。英人乘清廷壹意用兵。無暇他顧。進謀攫我國海關行政權。時洪楊之勢甚張。同治三年。洪秀全陷南京。英艦忽駛至下關。與洪通欵。助以槍械火藥。意在助長內亂。藉以要挾清廷。會洪部劉麗川襲上海。地方官吏逃避一空。徵稅機關停頓。上海貿易。遂成無稅世界。英國領事阿卡克。視此時爲攫取海關行政權之唯一機會。然又恐法美二領事之反對。借辭照通商條約規定。外國貨船出入口貨稅。由外國官吏担保。是領事立於保徵本國商民納稅之地位今出入口貨船均不納稅責任所在未可漠視提出協商於法美領事得二領之贊同立三國派員代徵關稅之協定領事代征之局以成時各國商人方利用上海之無稅關時代勿庸納稅至是群起反對美領亦覺英領別具野心聲明退出協定英政府見三國外交上既不協調乃解前約領事代徵制遂歸消滅

上海海關組織協定

時太平天國之勢燄日盛清廷調兵遣將久攻不克軍費浩繁國庫日竭英人復利用清廷之需欵孔亟議設稅關於租界清廷急不暇擇許之停頓半年之中國海關遂藉外人保護而復活仍任蘇松太道兼關監督其時若能鑒曩次之覆轍一洗積弊則關稅前途自此未嘗無改良之時乃一仍故習毫無興革致令英人藉口乘機而進復以前次代徵之欵掃數繳諸清廷以堅信賴而以任用外人代辦爲請清廷利其收入於同治四年命吳健章與英法美三國領事締立關於上海海關組織協定其第一•五•二條最關重要玆摘錄如次

聘英法美人員襄辦稅務

英人掌握海關行政

一・茲因關監督深知難得誠敏幹練熟悉外國語言之人。令執行約章上一切事務。惟有加入洋員以資襄助。此項人員應由道台慎選委充。道台亦應予以信任事權。俾資改良一切。

一・外國委員如有勒索收賄怠職等情。由道台與三國領事組混合法庭裁判。以定去留。

約定。即聘上海英國副領事威德。美國公使館武官卡氏。法國領事館通譯斯密司。襄辦稅務。於是年七月任事。以威德爲主任。威德因駐華較久。熟習官塲。且以能操華語。伎倆爲美法委員所不及。漸次遂得獨攬大權。釐定一切。無形中海關行政。遂入於英人掌握矣。後威德雖回其副領事原職。繼之者爲英領事署通譯官李國泰。法美兩國亦有更調。然李國泰蕭規曹隨。一仍往制。實權仍操英人之手。關稅大權從此旁落。是爲現行外人共管海關之肇端。誠關稅痛史上一大要案也。

第三節　常關與釐金

常關與釐金之分別

各國既獲我最惠關稅協定。撤我國際貿易之藩籬。更謀登堂入室。開拓內地商務。於是內部關稅。引起各國之注意。我國內部關稅。有常關與厘金之分。常關爲國家關稅。厘金則爲地方關稅。易言之。即中央政府所轄之關稅。與各省政府所轄之關稅耳。常關與海關成立前後。均有密切關係。厘金則尤爲關稅上一大問題。茲分別述其源流。以便參閱。

歷代常關沿革

自周公制定周官。頒行征商之法。是爲關市賦稅之創始。亦即常關制度之萌芽。至秦代劃一度量衡與錢幣制。商務既較擴張。征稅制度。較前又備。漢武太初間。始徵武關出入之稅。東漢因襲。無甚變遷。西晉之季。市肆關津。設於各大都會。置官司掌之。貨物値十稅一。東晉以迄六朝。均於石頭方山等津。徵取東西國境之稅。唐代一仍前制。且嚴申關禁。稅收有增。五代群雄割據。干戈侵尋。暴斂橫征。民不堪命。迄乎趙宋立國。豁除病商苛稅。制度改良。商務以興。其後以防遼禦金。

清代常關制度

兵費浩繁。尤注重稅收。特置都提舉。統轄諸州市易司。商貨運至州境。即押赴市易司。專賣收稅。商旅甚苦。南渡以後。雖獲偏安。以國勢日蹙。官吏貪墨。稅收大減。元太祖以通商立國。其時國外貿易盛行。國內貿易更旺。關稅遂爲歲入大宗。故雖窮兵遠略。庫帑不竭。明代關稅。由十稅一減至三十稅一。恤商之政。寬於前代。蓋以國步承平。庫藏充實也。有清以來。關津遍南北。有所謂鈔關、大關、老關、舊關、諸稱。清廷按各關貨物。凡木料與木器稅劃稱工關。其他貨物則稱戶關。其貨物每值一兩收稅銀三分或四分不一。各關有儘收儘解者。有限定額稅者。徵收官吏。有由地方官兼任者。有派道員充關監督者。行政制度。極其複雜。

常關制度之大變遷

迄乎海關既設。關稅協定成立。始漸漸改良。及後因庚子賠欵。關係五十里內常關。歸併海關。管理全國常關。因分爲五十里內、五十里外、與內地常關三種。是爲常關制度之大變遷也。

釐金創設原因

釐金之創設。實起因於常關。緣洪楊亂事。既日蔓延。東南諸省之常關。停閉殆

釐金之制度與意義

盡。咸豐三年（一九五三年）金陵失陷。大軍調遣。餉無所出。漕督雷以諴防堵淮陽一帶。籌贍軍之計。因創釐金之制。倡辦於仙女鎮。頗著成效。乃推行於下河十數州縣。其制度一仿常關。至以釐金名者。蓋即値百稅一之意也。嗣胡林翼、曾國藩、左宗棠相繼推辦於湘、鄂、皖、贛諸省。變名牙釐。恃爲餉糈的欵。當時奏請舉辦時。曾有亂平即行停止之語。及洪楊事平。常關以次規復。然釐金已遍設南北。且以戰區善後。需欵孔亟。尤賴釐金挹注。此項戰時特稅。乃成爲省庫之主要財源。欲廢不能矣。嗣以釐卡櫛比。日久弊生。辦理既無專章。徵收大都中飽。政府實收。日以減削。但尚不失爲鉅額。

釐金變成苛稅之害

惟弊竇叢生。失去舊制本意。附加稅、手續費、等雜課浩繁。遠逾値百抽一之原率。變成一種苛稅。後且產生變名之統捐、山海捐、落地稅、銷產稅、等等名目。朘削商賈。莫此爲甚。故外人經營內地商務之始。即於天津條約要求訂明子口稅率。納子口稅後。不得再徵其他稅捐之條欵。此優例之豁免。僅限於外人。有之本國商人。且未能共享。用是輸出日減。輸入日增。洋貨充斥。

釐金為關稅之暗礁

英人袒護亞羅號秘輸而啟釁

於是遏止內國工商業之發展後英國以原料多仰給於我。亟欲釐金之廢止。俾得廉價之生貨。乃有裁釐之要求。清廷以加稅為條件。曾於光緒三十年與英日美葡成立裁釐加稅協定。迄以中多梗阻。未能實行。今日談關稅者。莫不言廢除釐金。是釐金者誠為關稅前途之暗礁也

第三章　列國侵略銳進與關稅變遷

第一節　英法兩次戰禍之商約與關稅

各國既獲我五口通商。復得進握海關行政。此外尚有由條約上取得之種種利益。在我國已屬喪失不少。在各國則得隴望蜀。積極侵略。藉事生非。覬香港澳門外人之包庇奸商海盜。其野心已昭然若揭。此種違反國際公法之行為。外人不知自省。反以向我搆釁。強權之下。世界寧有公理耶。

咸豐六年九月。（一八五六年十月）中國船亞羅號。懸英國旗。自廈門來廣州。巡河水師偵知為奸商營秘輸者。搜捕之。英人因藉以啟釁。攻黃浦砲台。陷廣

州。焚官舍。旋以印度內亂。分兵赴援。始自引退。粵民起爲報復。皂白不分。舉將英法諸國在廣州商館洋房及洋行十三家。付之一炬。外人均逃香港。英領巴夏禮。香港總督寶林。急電英政府。請派兵決戰。英政府得報。首相巴瑪斯頓主戰最烈。向國會提出宣戰案。議員多反對者。下院尤極力攻擊香港總督與廣州領事措

英法聯軍搆釁

施不當。否決之。英政府因解散下院。另行改選。決然向中國出兵。并說法美俄諸國以合縱之利。俄美不主武力對華。僅派使請改訂商約。法皇拿破崙三世。方欲以武功矜耀國人。亦藉法國教士被殺於廣西案件。與英國聯盟。出師中國。兩國軍艦雲集香港。移文索償廣州損失及軍費。美使自以居間爲請。兩廣總督葉銘琛。以外人意存脅迫。置之不理。復不修戰備。七年十一月。英法聯軍。進攻海珠砲台。翌日。陷廣州。執銘琛（後囚送印度加爾哥他城。於咸豐九年死其地）。時清

廣州成爲三國聯治政府三年

廷。方注全力於削平太平天國。無暇南顧。英法。以海軍大佐。共管市政。自是廣州遂成三國聯治政府。凡三年之久。

英法聯軍突陷大沽

當時英法欲乘勝迫我改訂條約。咸豐八年一月，與俄美聯合致書，請派大員至上海議和。清廷許以英法美三國交涉在粵辦理，俄國交涉在黑龍江辦理。各國以所求未遂，決議率艦北進，四國軍艦二十餘艘，駛集白河口。四月英法聯軍突攻大沽炮台，陷之，逕抵天津。清廷大震，命大學士桂良、吏部尚書花沙納爲全權大臣，至天津與英法議和。英使擬新約五十六款，法使擬新約四十二款，兩約內容大體相同，無一非損我主權，緊我束縛，其爲害尤十倍於南京條約。

無談判簽字之天津條約

脅迫無談判簽字，桂等據以入奏，廷議雖極不平，然以戰既未能，守亦無術，武力之下，只得屈伏，依約簽印，是即我國第二次最大恥辱之天津條約也。中英天津條約，除互派公使，中外官吏按品級平等往來，傳教自由，居住自由，租產自由，以及賠償英商損失與軍費各二百萬兩諸款外，其關於通商諸款，茲節錄其要旨如次：

增開通商口岸

一、增開牛莊、登州、台灣、潮州、瓊州五港爲通商口岸。又長江一帶俟亂事平定後，許選擇三口通商。（參看第十款第十一款）

治外法權更削

噸稅減輕外人自用艇隻免稅

稅銀交納官銀號

一、英國商民犯罪。由英國懲辦。華民欺害英人。歸中國地方官懲辦。兩國商民交涉爭訟。由中國地方官與英領事會同審理。（參看第十五第十六第十七欵）

一、英國商船稅課。一百五十噸以上。每噸銀四錢。一百五十噸正及以下者。每噸銀一錢。凡船隻出口。往通商他口。及香港。由船主稟明關監督。發給專照。四個月內。如係赴上述各口。不再重稅。又進口艦隻幷未開艙。於兩日以內。即行他往者。亦不征稅。至英商在各口自用艇隻。運帶客人、行李、書信、食物、及例不納稅之物。毋庸完稅。倘帶有應稅之貨。則每四個月納稅一次。每噸一錢。（參看第二十九第三十第三十一欵）

一、稅課銀兩。由英商交納官銀號。（參看第十三欵）

此外尤有與關稅制度關係重要者四欵。一爲關於修改稅則之第二十六欵。

『前在江寧立約第十條內。定進出口各貨稅。彼時欲綜算稅餉多寡。均以價

因貨價低落而修改稅則

値爲率。每價百兩。征稅五兩。大概核計以爲公當。旋因條內載列各貨種式。多有價値漸減。而稅餉定額不改。以致原定公平稅則。今已較重。擬將舊則重修允定。此次立約。加有印信之後。奏明請派戶部大員即日前赴上海。會同英員。迅速商奪。俾俟本約奉到硃批。即可按照新章。迅行指辦。』

半永久之協定稅則

一爲限制修改稅則年限之二十七款。

『此次新定稅則。並通商各款。日後彼此兩國。再欲重修。以十年爲限期滿須於六個月之前。先行知照。酌量更改。若彼此未曾先期聲明更改。則稅課仍照前章完納。復俟十年再行更改。以後均照此限此式辦理。永行弗替。』

自有上項兩款之規定。我國關稅。不但絲毫不能超出値百抽五之稅率。且成爲半永久之協定。無論國內之貨價漲落如何。非至十年限滿。不能修改。非得締約國之同意不能修改。蓋與我締約諸國。雖非悉有上項協定。惟以大都有『最惠條款』得以均沾其利益也。查世界各劣等國。協定稅率。土耳其進口稅爲一

我國稅率與波斯同

優例免釐之子口半稅協定

分一厘。出口稅一厘。埃及進口稅八厘。出口稅一厘。波斯進出口稅五厘。暹羅進出口稅三厘。我國稅率。並埃及而不若。巍峙東亞之中國。乃與蕞爾之波斯相等。嗚呼。外人蔑視我國之心。其堪問耶。

一爲訂明子口稅率之二十八款

『前據江甯定約第十條內載各貨納稅後。即准由中國商人遍運天下。而路所經過稅關。不得加重稅則。只可按估價則例若干。每兩加稅不過某分等語在案。迄今子口課稅實爲若干。未得確數規定。立約之後。或在現通商各口。或在日後新開口岸。限四個月爲期。各領事官備文移各關監督。務以路所經處應納稅銀實數。明晰照復。彼此出示曉布。漢英商民。均得通悉。惟有英商已在內地買貨。欲赴口下載。或在口有洋貨。欲進售內地。倘願一次納稅。免各子口征收紛繁。則准照行此一次之課。其內地貨。則在路上首經之子口。輸交貨則在海口。完納給票。爲他子口毫不另征之據。所征若干。綜算

華商不能均霑子口稅制利益

洋商獲得內地販運土貨特權

子口稅單有效期間無限制

貨價爲率。每百兩征銀二兩五錢。俟在上海彼此派員商酌重修稅則時。亦可將各貨分別種式應納之數議定』

此項條欵打破我國內關稅制度加以協定之稅率。茲後洋商販運貨物。無論進口出口均祇完納一正稅一子口稅。即得通行無阻。而土貨未入洋商手之先洋貨旣入華商手之後。仍須完納厘金。此特殊免厘優例。僅外人專享。中國商人。反不能均霑。按南京條約洋貨販運內地之權僅許中國商人有之。茲則洋商不僅獲此權利。更得內地販運土貨之特權。由是洋貨受子口稅之保護。暢銷內地。減殺國貨之銷場。洋商亦經營土貨之貿易。而競分內地商務之利益。我國工商業遂日淪于衰敗矣。

更有因子口稅之協定。使海關制度上發生極重要之事件。即子口單之施行。是也。子口單係海關驗貨徵收子口稅以後發給之單據。亦即證明某項洋貨。已納子口稅。而運入內地之憑證。此項稅單。雖于納稅時載明貨物、性質、數量、進口

子口稅制度之弊端

三聯單制度之胎原

免重徵及再出口免稅制度

船名。及送達地點等。然有效期間。並無限制。凡持有子口單之貨物。販運內地。只須以此單送至沿途各稅局請其驗貨。稅局於檢驗後即放行。並手續費亦不徵收。其辦法固甚便利。惟此特權。僅限於進口洋貨有之。商人之牟利者。遂多以土貨混入。洋貨圖免釐稅。且有私買子口單。自行塡寫。以免釐稅者。種種弊端。因之而起。內地釐稅。爲之減額矣。出口貨子口稅照約規定。『其內地貨則在路上首經之子口輸交』是與進口具同樣之手續。然旋於通商章程善後條約中。改爲至末一口始納子口稅。因而又有土貨三聯單之制度

一爲協定免重徵及再出口免稅制度之第四十五款

『英國民人運貨進口。既經納淸稅課者。凡欲改運別口售賣。須稟明領事官。轉報監督官委員驗明。實係原包原貨。查與底簿相符。並未拆動抽換。即照數塡入牌照。發給該商收執。一面行文別口海關查照。仍俟該船進口。查驗符者。即准開艙出售。免其重納稅課。如查有影射夾帶情事。貨罰入官。至或

存票機能之偉大

稅收上洋貨自由運銷之保障

次將該貨運出外國。亦應一律聲禀海關監督。驗明發給存票一紙。他日不論進口出口之貨。均可持作已納稅餉之據。至於外國所產糧食。英船裝載進口。未經起卸。仍欲運赴他處。概無禁阻』

此款前者為免重徵制度。所稱『牌照』。即免重徵之執照。即使已納稅貨物。再移出入於其他通商口岸時。持有此種牌照不再納稅之憑證也。後者為進口貨再出口免稅制度。所稱『存票』。即退稅證。使在本國不能銷售之洋貨。於再運出口時。發還其所完之全部進口稅款憑証也。此兩種制度。均為英人謀商貨。可以隨時擇取銷塲。並於不易售脫時。可以載銷他處。不致受停積之重大損失。保護英商貿易之協定。侵奪我國關稅自主權之尤甚者也

中法天津條約與英約大旨相同。惟增開口岸多淡水一處。長江方面僅列南京一口。噸稅仍為每噸徵銀五錢。其修改稅則年限定為七年。（後於通商章程中亦改為十年）惟第二十四款。關於卸貨納稅。有殊異之規定。該款中有『法

船進通商各口。如將貨在此卸去多寡。即照此卸去之數納稅。其餘貨物。欲帶往口卸賣者。其餉銀亦在別口完納』等語。是可謂爲洋貨自由運銷更明確之保障條欵矣。外訂追加條約六欵。爲懲辦廣西西林縣知縣殺死法敎師罪賠償廣州商民損失及軍費銀共二百萬兩。并規定此項賠欵。或用現銀。或用會單。（關票）分六年由廣東海關交淸。凡法國商人完納關稅准量稅多寡於現銀外搭用十分之一之會單。此亦法約之特殊規定也。

關稅担保賠款

按照中英條約第二十六欵。中法條約第九欵之規定。以前定通商稅則條欵。諸有不合。三國須派委員至上海。另行酌議。淸廷仍派桂良、花沙納、會同兩江總督何桂淸等。與英法代表訂立通商章程善後條約十欵。新稅則進口十四類。一百七十七種。出口十二類。一百七十四種。是爲協定稅則以來第一次之修改。因係出自外人之要求。而與議大臣。均無經濟知識。故所改訂者。均爲有利外人。而有害關稅者。外人之侵略我主權。南京條約五口通商章程開其端。天津條約與

第一次修改稅則

通商章程內容

均一之進出口稅

免稅貨品種類範圍之廣泛

此次修改稅則實總其成。不可不特筆以書之也。

通商章程善後條約。英法兩國一律。惟法國附有將天津條約修改稅則限期七年改爲十年之聲明而已。茲將該約重要諸款節錄於次。

一·此次新定稅則。凡有貨物。僅載進口稅則。未載出口稅則者。遇有出口。皆應照進口稅則納稅。倘有貨物名目進出口稅則均未賅載。又不在免稅之例者。應核估時價照值百抽五例征稅。（中英通商章程第一款）

一·凡有金、銀、外國各等銀錢、麵、粟米粉、砂穀米、麵餅、熟肉、熟菜、牛奶酥、牛油、蜜餞、外國衣服、金銀首飾、攙銀器、香水、碱、炭、柴薪、外國蠟燭、外國烟絲、煙葉、外國酒、家用雜物、船用雜物、行李、紙張、筆、墨、氈毯、鐵刀利器、外國自用藥料、玻璃器皿以上各物。進出口通商各口皆准免稅。除金、銀、外國銀錢、行李毋庸議外。其餘該船裝載。無論淺滿均應完納船鈔。倘運內地。除前三項外。其除皆應納子口稅。···（中英通商章程第二款）

鴉片開禁

出口子稅改至出口海關完納

全國各關請英人帮辦稅務之協定

一。向來鴉片、銅錢、米、穀、荳、石硝、磺、白鉛、等物。例皆不准通商。現定稍寬其禁。聽商遵行納稅貿易。鴉片准其進口。每百觔納稅三十兩。惟該商止准在口銷售。一經離口。即屬中國貨物。祇准華商運入內地。外國商人不得護送。…………（中英通商章程第五款）

一。天津條約第二十八款。所載內地稅則之議、現定出入稅則。…………至運貨出口之例。凡英商在內地置貨。到第一子口驗貨。由送貨之人開單註明貨物若干。應在何口卸貨。呈交該子口。存留發給執照。准其前往。監運各子口。查驗盖戳。至最後子口。先赴出口海關。報完內地稅項。方許過卡。俟下船出口時。再納出口之稅。…………（中英通商章程第七款）

一。通商各口收稅。如何嚴防偷漏。…………現議各口劃一辦理。或由總理大臣。隨時巡歷。或委員代辦。任憑總理大臣。邀請英人帮辦稅務。並嚴查偷漏。判定口界。派人指泊船隻。及分設浮椿、號船、表塔、望樓、等事。無庸英官

通商章程之劣點

指薦干預。••••（中英通商章程第第十款）

上錄各款。其束縛我關稅者。又較天津條約更進一步。觀第一款。進出口稅則混用。實違反關稅原則。爲世界各文明國家所無。而中國特有者。第二款規定免稅貨物。凡數十種之多。舉凡外人之奢侈品。在各國課此以重稅者。我且明定專約。置諸免稅之列。倒行逆施。無過於是。查此款於光緒二十八年（一九〇二年）始獲比較改正之機會。此四十餘年中。稅收誠不知損失若干萬。且今日紙煙洋酒等之暢行於中國。胥莫不由免稅之原因也。第五款將向來之厲禁品。公然開禁。尤甚者爲鴉片之公賣。幾於不知有鴉片戰爭之痛苦。是雖淸廷之不識輕重。然實由外人之密輸。無法防止。故消極的開禁徵稅耳。米穀准外人於國內販運。不但分內地商人之利。且屯積居奇。亦所不免。民食爲重。豈能容外人操縱其間。登州、牛莊、特產之大豆及豆餅。禁止由該出產地出口。是雖意在保護內地運輸業。然因此而貨價增高。出口額日減。徒損銷塲。故三年之後。亦即開禁。第七款將

稅率沿用値百抽五

出口子口稅改訂新章。前本由「首經之子口納稅」茲則改爲「至最後子口之出口海關完納」因此項規定。乃有土貨三聯單之制度。如是外人赴內地販運貨物。僅憑一紙單據。即可概免釐稅。逕至出口口岸。沿途稅局除義務的查驗外。絲毫不能過問。國內商人販運者。仍須逢關納稅。遇卡抽釐。關稅上設內外人之別。置國內商人於比較不利之地位。因之外人竟有將三聯單賣給華商。或奸商向外國領事處註册。假洋商名義。圖免釐稅者。其弊更有甚於子口單矣。第十欵規定聘外人幫辦稅務。前上海海關組織協定。僅局部關係。茲則擴充行於全國各海關。關稅行政。實此條欵所斷送。是誠痛心之協定。故特於下節專論及之

至於所訂稅率。仍沿用値百抽五之例。除特殊物品外。不論進出口貨物。一律以値百抽五爲基礎。改爲從量稅。雖此次貨物種別。較前明晳。已分精粗。如洋布一項。前在江甯稅則。不論粗細。每疋收稅一錢五分。茲則別其等級。自一錢遞降於四分。形勢上固合於科學的關稅原則。實際則以與議者。多非熟習商情之官

從量稅率非眞正適應之市價

僚何來調查物價之知識但憑上海海關之片面報告外人復從而高下其間稅率焉能公允查江寗稅則洋布一疋徵稅一錢五分按從價值百抽五計算是每疋價銀三兩此次稅則洋布一疋其稅率分一錢、與八分、七分五厘、四分、四種若將最高率一錢及最低率四分計算之一疋之價最高爲二兩最低爲八錢方諸江寗稅則之價大則差二兩二錢小則差一兩當時物價縱低豈至如此洋布之稅率不公若是他可類推茲擇江寗稅則從量稅一部進出口之大宗貨物之稅率與新改稅則之比較表列於左以見當日修改稅則之從量稅率不盡爲眞正之市價此項稅率乃行諸四十五年後始得比較之改正此數十年中關稅上損失之鉅尙堪道哉

進口貨貨名	單位	物價	江寗條約稅則	物價	天津條約稅則
棉花	每百觔	（八兩）	四錢	（七兩）	三錢五分
洋布	每疋	（三兩）	一錢五分	（二兩八錢）	一錢四分

白袈裟布	每疋	(三兩)	一錢五分	(一兩五錢 七錢)	七分五釐 三分五釐
棉紗	每百觔	(二十兩)	一兩	(十四兩)	七錢
羽緞	每丈	(三兩)	一錢五分	(二兩)	一錢
出口貨貨名					
湖絲土絲	每百觔	(二百兩)	十兩	(二百兩)	十兩
綢緞絹縐	每百觔	(三百四十兩)	十二兩	(三百四十兩)	十二兩
白糖黃糖各樣	每百觔	(五兩)	二錢五分	(四兩)	二錢
棉屬諸布	每百觔	(二十兩)	一兩	(七兩)	三錢五分
茶葉	每百觔	(五十兩)	二兩五錢	(五十兩)	二兩五錢

特殊品僅鴉片絹茶三種

新稅則將舊則從價值百抽十之例外品概行删除。所訂爲特殊物品者。僅鴉片、絹、茶三種而已。鴉片開禁。公然列入稅則。且其稅率每担僅三十兩。以時價計之。約值百抽七八之間。尤遠不及出產地印度之稅率。絹稅、舊率每担十兩。後以

第一次修改稅則失敗之原因

出口漸多。價目騰漲。實際已不及値百抽五。因法國以其爲中法貿易之大宗貨品。不必加課。仍用舊率。茶稅舊率每担二兩五錢。以時價計之。約値百抽十。且因內地厘稅亦須一分之譜。其所負稅率。實較任何貨物爲重。當時桂良輩以此爲中國特產。外人所需。出口既多。稅重則收入必增。力爭。仍用舊率。以是茶之出口年漸衰落矣。總之此次修改稅則。事前既毫無研究。臨事又無熟諳世界大勢及長於經濟與商務知識之人才以辦理之。徒供外人利用而成立保護其貿易之協定而已。

中俄愛琿條約中俄天津條約中美和約

俄美二國。未加入英法作戰。清廷目爲馴順。故要求改締商約。均予允許。先後議訂中俄愛琿條約三欵。中俄天津條約十二欵。中美和約三十欵。除愛琿條約。專爲劃界外。餘雖無英法條約之苛。以均獲訂最惠條欵。利益均沾。則屬一致。惟俄約有特殊數欵。節錄於次。

俄約特點

一・除前訂之陸路通商外。准由海路之上海、甯波、福州、廈門、廣州、台灣、瓊州、

俄國取得海路通商

英法二使來京換約

英法艦隊破柵入大沽敗遁

英法復遣大軍東來

等七處通商。若他國再有增添口岸。俄國一律照辦。（第二款）

一•取消前定陸路通商人數、貨物、及本銀多寡之限制。海路通商。一均照其他各國約章辦理。（第四款）

一•中俄國界。即由兩國派員會勘立約。（第九款）

是俄國不僅獲陸路商務之擴張。且數十年來所欲取得之海路通商。今亦如願以償矣。

當英法天津條約簽訂時。英法二使力爭須在北京換約。故有『本約用印後以一年爲期。經兩國批准。在北京交換』之條款。咸豐九年二月。英國以普路斯爲公使。法國以布爾卜隆爲公使。由兩國艦隊護送。擬由天津至北京換約。抵大沽口時。清廷已命僧格林沁嚴修武備。守將拒不納。直督聞報。致書英艦。告以已在北塘迎接。請改道入京。普路斯不納。艦隊破柵而入。進燬第二柵。守軍痛擊之。聯軍狼狽敗遁。十年英法復遣大軍東來。先取定海爲海軍倉庫。因鑒於前次之

英法聯軍陷北京焚圓明園

中英北京條約中法北京條約

賠款由關稅扣繳之規定

失。聯軍改由北塘登陸。僧格林沁率軍往禦。大敗覆沒。塘沽天津相繼陷落。清廷派大學士桂良等與英法議和。旋復破裂。聯軍進兵。國軍應戰。疊敗。英法軍遂陷北京。焚圓明園。文宗遷駕熱河。廷臣逃散。是年九月。因俄使之斡旋。逼恭親王奕訢簽訂中英北京條約九款。中法北京條約十三款。內容大要爲即將天津條約換約。增開天津爲商埠。賠款均增爲八百萬兩。割九龍地方一部與英。許法國傳教師內地置產權。法國商船噸稅每噸減爲四錢。准許華工赴兩國及所屬地工作。因賠款交納辦法而有關稅扣繳之規定。遂開侵及稅款之惡端。茲節錄兩國條款於次。

英國

原約賠欵作廢。現允增爲八百萬兩。其應如何分繳。即於十月十九日。在天津繳清五十萬兩。十月二十日前。在粵省分繳三十三萬三千三百三十三兩。內將查明該日以前粵省經支塡築沙面英商行基之費若干。扣除入算。

其餘銀兩。應於通商各關所納總數內分期扣繳二成。以三個月爲一期。至扣足此賠欵爲止。……

法國

前訂賠欵二百萬兩條欵删去。今議增爲八百萬兩。除去歲粵海關繳銀三十三萬三千三百三十三兩零。餘數宜在中國各海關每年收入項下。按五分之一扣歸。其交銀之時。係三個月一次。並限定十月十八日先在天津現交銀五拾萬兩。……

俄人索得烏蘇里河東岸之地

中俄續增條約

俄人以屢任調停之功。於清廷表示感謝之時。乘機索酬。請將兩國共管之烏蘇里河以東等處。劃讓爲報。因亦獲訂續增條約十五欵。茲節錄其關通商諸欵於次

一、以沿烏蘇里河、松河、察河、興凱湖、白琳河、胡布圖河、琿春河、圖們江兩岸。爲中俄國界。（第一欵）

一・上訂交界各處。准許兩國人民隨便交易。並不納稅。各該處官吏應保護之。（第四款）

一・俄商由恰克圖到北京。經過之庫倫、張家口地方。零星貿易。亦准行銷。幷許在庫倫設領事。中國商人。願往俄國內地行商亦可。俄商往來。不拘年限人數仍不得過二百。（第五款）

一・喀什噶爾准爲試行貿易地一切均照伊犁塔爾巴哈台辦理。（第六款）

第二節　海關行政統一與擴張

上海海關制度擴張全國

通商章程善後條約第十款。聘用外人襄辦稅務條文中有『現已議明各口畫一辦理』一語。是謂將上海海關制度擴張於全國各口之海關。又『任憑總理大臣邀請外人幇辦稅務。……毋庸各國官吏指薦干預』則爲打破三國代表委員制度而以聘僱制度代之也此蓋英人欲獨掌關稅行政恐法美諸國之分權故力爭加入此項條款自恃上海海關已大權在握所處地位不虞有他

設立總理各國通商事務衙門

南北洋通商大臣之任命

果也。清廷墮於英人計中。咸豐九年（一八五九年）任命李國泰爲海關總稅務司。其餘各口設稅務司。亦多以英人充任。全國關稅行政。自是完全入於英人之勢力範圍矣。

時各國交涉。均屬之軍機處辦理。自天津北京條約。先後訂立。百務蝟集。難再並顧。因設立總理各國通商事務衙門。派恭親王奕訢。大學士桂良、戶部左侍郎文祥管理。並於內閣部院軍機處各員司內。簡定八員。辦理一切。又派崇厚爲三口通商大臣。駐天津。會同各該將軍督撫府尹。辦理牛莊、天津、登州三口通商事務。其廣州、福州、廈門、寧波、上海及內江三口、(即鎮江九江漢口)潮州、瓊州、台灣、淡水、各口通商事務。由江蘇巡撫薛煥辦理。新立口岸。惟牛莊一口。歸山海關監督經營。其餘登州各口。由各該地督撫會同崇厚、薛煥。派員管理。是爲南北洋通商大臣之任命。我國外交獨立機關之創設也。

李國泰任總稅務司後。於咸豐九年至十一年間。先後設立廣東、汕頭、福州、寧

赫德得當道之信任

募用外人帮辦稅務章程

波、鎮江、九江、天津、等七處海關。嗣李氏因病請假歸國。江海關稅務司雷氏、及粵海關稅務司赫德兩人先後代理總稅務司。後赫德以熟悉中國政情。通華語。深得當道之信任。於海關行政多所舉辦。於十一年設廈門、漢口、兩關。十三年設芝罘關。是年李國泰氏免職。赫德總稅務司職員除。復次第設立台灣府、淡水、瓊州、宜昌、蕪湖、溫州、北海、龍州、蒙自、重慶、等十餘新關。并手訂募用外人帮辦稅務章程二十七欵（章程附後）所有各關遍用外人主其事。後又運動當道以募用外人稅收暢旺奏請留稅務司專辦關務。遷總稅務司署於北京。并以通商章程第十欵有『通商大臣親詣巡歷或委員代辦』之規定。要求派充爲代表。按時巡行。於是赫德屢次出巡各口與地方官吏折衝一切海關行政。完全在赫德支配之下。總理衙門徒負其名而已。

當新關各口開辦之初。赫德赴京所議章程。清廷以其頭緒紛繁。流弊所在。難以洞悉。因飭戶部會商辦理。嗣以長江各埠與各海口情形不同。戶部不能懸定

洋商在長江貿易之姿肆

乃令奕訢與辦理各口通商大臣。各就地方情形籌議完善章程。遷延迄無成議。惟兩湖總督。江西巡撫。迭咨總理衙門。文中有稱『自洋商往來自便則長江數千里。隨處可載貨卸貨。將沿江上下之利。盡歸外洋。而中原脂膏將竭。且有內地奸商。船插洋旗。藉此私售私買。甚至將米糧、銅、鉛、禁運之物運出。……至釐金原濟軍餉。洋商執一稅不二稅之說。未允抽釐。不思納稅出自洋商。收釐取之華商。兩不相涉。又內地商人赴湖南北產茶處購買。動請英商僱夥。違抗釐金。似此情形。則內地商人。皆可指洋商採辦山鄉市鎮。皆可作通商口岸。將條約所稱不逾五口之文。祗成虛設。皆由無憑稽查也』等語。又江蘇巡撫咨稱。每與領事酌議章程。該領事以未奉該國扎諭推托等語。時英法公使聲稱中外交涉事件。不能與外省大吏紛紛商辦。章程須在京協議。乃就前訂通商章程。增改各口通共章程五款。長江通商暫立章程十二款。頒行。嗣據兩湖總督奏稱。所頒章程。窒礙難行。懇請更正。乃又重加修訂。歸併爲通商各口通共章程五款。長江收稅章程七欵。是爲統一海關行政之專則也。茲節錄於次。

通商各口通共章程

通商各口通共章程

一．洋商由上海運洋貨進長江。須將進口稅完納。俟到長江各口。後如販運內地。須完一子口稅。發給稅單。不再另徵。如無子口單。逢關納稅。遇卡抽釐。（第一欵）

一．洋商由上海運土貨進長江。應交本地出口之正稅。并先定長江復進口之半稅。俟到長江各口後。一經離口販運。無論華商洋商。均逢關納稅。遇卡抽釐。（第二欵）

一．洋商由上海運別口所來之土貨。已在別口交過出口稅。并在上海交過復進口稅。如再運往別口。勿庸再納出口稅并復進口稅。俟到長江各口後。販運內地。無論洋商華商。均逢關納稅。遇卡抽釐。（第三欵）

三聯單之定章

一．洋商如入內地買土貨。本商自去。或用中外人均可。惟必須先向海關請領買貨報單。註明該貨某日到某子口。應運通商某口實屬本商土貨。自必納完半稅等辭。并於單內塡註本商姓名。或本行字號爲憑。此等報單。由海關備辦。俟准領事官咨請發給并無使費。(第四欵)

存票定章

一・洋商由長江口岸運土回上海。若係自販之貨已在江口完一子口稅。有據可憑。如在本江口所買之貨其內地稅已由內地人交過下貨時不再完稅。俟到上海進口時。交出口正稅。並先將一半稅存在銀號。如三個月內出口運往外國。確係原包原貨。即將存銀交還。如在上海銷賣或逾限未出口。即將存銀入帳。作爲復進口稅或限內出口。有折動抽換情形。除將存銀入帳外。仍另徵出口正稅（第五欵）

以上通商各口通商章程五欵。除長江應收進出口正稅。及復進口半稅。均在上海完納。與別海口不同。餘如洋商入內地賣洋貨買土貨復進口入內地銷賣。以及土貨復進口。報明不日出洋。各項存銀納稅、領單、請照、一切辦法。南北各海口均照長江一律辦理。

長江收稅章程

一．洋商船隻在長江貿易者。只准在鎮江、九江、漢口、三處。沿途不准私自起下貨物。如違此例。由該關即將船貨入官。出口土貨。在以上三關進口。均由各該江關查驗徵收稅餉。按照條約已開通商各口辦理一切（第一欵）

一．洋商船隻在長江貿易者。現議分為兩項。其一由鎮江上江。暫做長江買賣之大洋船。（即海輪）以及各項划艇、風篷、船隻。其二由上海入江。常做長江買賣之內江輪船。兩項船隻。貿易均照約章辦理。如帶軍火等件。應先將數目報關。由關給照。單內註明件數。驗放之後。如查出私加其數。或在長江私運軍火出賣。該船均可入官。來並各船。如遇中國巡查。輪船欲行查驗。立即呈明船牌。各件查驗放行。（第二欵）

一．大洋船之例。洋商大洋船。及划艇、風篷、船隻。抵鎮江時。如在鎮江貿易。即

海輪定章

就地徵收稅鈔。若由鎮江前往九江、漢口、等處者。須由船主將船牌呈交鎮江領事官。并將艙口單呈鎮江關查驗。俟由領事官行文來關。由關發給護照。名爲鎮江護照。註明該船帶用兵器、槍砲、刀藥、等件若干。水手多寡。并押載噸數。以及國號。由關任便將艙封閉。派差押送前往。抵九江後。或上江。或下江。船主須將護照呈關查驗。該船在九江漢口起下貨物。納稅事宜。均照章辦理。俟回鎮江。須將護照繳銷。由關查明稅鈔完清。方發給紅單。准領回船牌。開船出海。由關任便派差押送至狼山。凡有船在鎮江以上。無鎮江護照及中國牌照者。查出卽將該船入官。（第三款）

內江輪船定章

一。內江輪船之例。凡有洋商輪船。自上海常做長江買賣者。應將船牌呈交上海領事官。轉請江海關發給輪船江照一紙。該照以六個月爲限。凡有此照者。即可照內江輪船之例。起下貨物。完納稅餉。此項輪船抵鎮江、九江。無論上下江。須將照呈驗。其船鈔須在九江、漢口。輪流完納。輪船上下江。由關任便派差押送。若有違章情事。除首次照例罰辦外。下次再犯。即由關將該船江照作廢。以後不准該船過鎮江。上江無照之輪船抵鎮江者。若過鎮江上江須照第三欵辦理。（節四欵）

一．凡有江照之輪船。裝載土貨。須先將正半兩稅一併完清。方准裝貨。俟該貨抵上海。若在三個月內。運往外國。應由該商赴江海關請領執照。將執照呈交（九江 鎮江 漢口）關。則可該商所納復進口半稅。發給存票。以抵日後應完之稅。但欲往外國之貨。抵上海時。亦應報明。凡有此等輪船裝載別船所發之貨。須照起貨之例。完納稅餉。由關查驗後。方准撥貨。（第五欵）

一．凡有洋商僱用內地船隻運貨者。除按照條約納稅外。須呈具保單。請領執照。該船到關。仍照內地船例。完納船料。如單貨不符照保單內註明之銀數罰辦。俟江西肅清。即行停止。（第六欵）

一．凡大洋船、輪船。及領有英國船牌之划艇、風篷、并洋商僱用內地運貨等

船。由出口入關發給總單。至所過通商之口。如起卸貨物。卽由該船主將其總單呈關查驗。方准起貨。（第七欵）

自以上兩項章程釐定後。違章漏稅之弊。仍所不免。其被關吏查出扣留之貨物。因無船貨入官專章。商人常起爭執。總稅務司赫德乃於同治三年（一八六五年）訂試行會訊船貨入官章程四條。施行後有無窒礙。我國初未嘗過問也。同治七年。英使以商人之請。代爲改訂。照會總理衙門。略加增删。成會訊船貨入官章程八條。頒行一年。尙無不合。遂爲定案。茲節錄其大要於次。

訊船貨官章程

一．凡有關涉稅務要件。領事應商同稅務司。按後則核辦。

一．凡洋商船貨被關吏扣留。立宜稟明監督。如應罰辦。卽委由稅務司函詢該商被扣原委。轉報監督核奪。如該商不願赴關具稟。或具稟批駁。准稟由領事交涉。

一．凡監督與領事所不能辦決案件。應分別申請總理衙門。與公使核奪。

海關外人與洋商狼狽爲奸

一．凡違章應罰案件。由稅務司分別陳明監督。并在領事署立案。由領事定期訊斷。

一．凡監督及領事。均無法斷定應否徵稅事件。先由該商按貨值具結。由領事印送監督存案。暫將貨免稅放行。使申請總理衙門公使斷定。應稅如數補納。免稅原結發還。

觀以上三種章程。於納稅行船。違章處罰。分別釐定。井井有條。頒行各關全國畫一。是誠爲稅政上莫大之刷新。惜者外人操權對於洋商每存偏袒且有狼狽爲奸者所有稽徵限制諸欵未能切實施行洋商得此逾分之保護更得增進其貿易上之地位矣

第三節　各國徵逐中之海陸關稅變遷

英法銳意侵略。一戰再戰。我地方軍事以及賠欵有形之經濟損失數千萬。至於條約上無形主權之喪失匪可言喻國家元氣大傷財力日竭江海沿岸重要。

咸豐光緒間中外締約之多

口岸均行開放商務上利益泰半操諸英法引起世界各國之垂涎羣起要求援例通商以次與普魯斯丹麥西班牙比利時意大利瑞典挪威奧匈日本秘魯巴西葡萄牙諸國締約其已訂約各國或以時勢變遷要求修改或係新起交涉特殊協定自咸豐十一年至光緒二十一年中日戰爭以前三十六年中凡增中外條約六十餘件除劃界、鐵道、電信等項條約外其與關稅有關係者亦三十六件之多中國旣成爲世界貿易之徵逐場利權大都外溢而不平等條約束縛重重尤使國勢日益貧弱矣

茲將咸豐十一年至光緒二十年與各國所締關於通商及關稅條約依次表列於次。

各國條約名稱	締約年序	立約地
中德和好通商條約暨三漢謝休附列條欵	咸豐十一年七月二十八日 西歷一八六一年九月二日	天津
中德通商章程善後條約及稅則	仝上	天津

中俄陸路通商章程暨續增稅則	同治元年二月初四日 西歷一八六二年二月二十日	北京
中葡和好貿易條約	同治元年七月十八日 西歷一八六二年八月十三日	北京
各國長江稅章程商通商各口通共章程	同治元年九月日 西歷一八六二年十一月日	北京
中丹天津條約暨通商章程	同治二年五月二十三日 西歷一八六三年七月十三日	天津
中和天津條約	同治二年八月二十三日 西歷一八六三年十月六日	天津
日斯巴尼亞天津條約	同治三年九月初十日 西歷一八六四年十月十日	天津
中法完納船鈔章程	同治四年九月十三日 西歷一八六五年十一月二日	北京
中比北京條約通商章程	同治四年九月十四日 西歷一八六五年十一月三日	上海
中義北京條約薄通商章程	同治五年九月十八日 西歷一八六六年十月廿六日	上海
各國會訊船貨入官章程	同治七年閏四月初八 西歷一八六八年五月廿九日	北京
中美續增條約	同治七年六月初九日 西歷一八六八年七月廿	美京
中俄改訂陸路通商章程	同治八年三月十六日 西歷一八六九年四月十五日	北京

中奧通商條約暨稅則章程	同治八年七月二十六日 西歷一八六九年九月二日	上海
中日修好條規暨通商章程	同治十年七月二十九 西歷一八七一年九月十三日	天津
中日北京專約	同治十三年九月二十二日 西歷一八七四年十月三十一日	北京
中秘通商條約	同治十三年五月十三日 西歷一八七四年六月廿六日	天津
中英滇案條款及專條	光緒二年七月二十六日 西歷一八七六年九月十三日	煙台
中德續修條約善後章程	光緒六年二月二十一日 西歷一八八〇年三月卅一日	北京
中美續修條約後另款	光緒六年十月十五日 西歷一八六〇年十一月十七日	北京
中俄改訂條約及專條又續改陸路通商章程	光緒七年正月二十六日 俄歷一八八一年二月十二日	俄京
中巴和好通商條約	光緒七年八月十一日 西歷一八八一年十月三日	天津
中俄塔城俄屬商人貿易地址條約暨兩屬纏頭商民事宜	光緒九年二月 俄歷一八八三年月	塔爾巴哈台
中法簡明條款	光緒十年四月十七日 西歷一八八四年五月十一日	天津
中法越南條約	光緒十一年四月二十七日 西歷一八八五年六月九日	天津

中英煙臺續約	光緒十一年六月初七日 西歷一八八五年七月十八日	英京
中法越南通商章程	光緒十二年三月二十二日 西歷一八八六年四月廿五	天津
中英緬甸條款	光緒十二年六月二十三日 西歷一八八六年七月廿四日	北京
中法界務商務專條	光緒十三年五月初六日 西歷一八八七年九月廿六日	北京
中葡專約	光緒十三年十月十七日 西歷一八八七年十二月一日	北京
中英藏印條約	光緒十六年二月二十七日 西歷一八九〇年三月十七日	孟加拉
中英煙臺條約續增專約	光緒十六年二月十一日 西歷一八九〇年三月卅一日	北京
中英藏條款	光緒十九年十月二十八日 西歷一八九三年十二月五日	大吉嶺
中英滇緬界務商務條款	光緒二十年正月二十九日 西歷一八九四年三月一日	英京

上列諸約。因篇帙浩繁未能一一論列。茲擇其與陸海關稅變遷之尤要者俄、英、法、三國述之。

俄國　雖以最惠國條約。得同享各國海路通商之權利。然以該國地處西北國

中俄陸路通商章程

境毗連。故其貿易大半均由陸路。行走前訂諸約。於陸路通商。無詳細規定。有增訂之必要。兩國因於同治元年。（一八六一年）協定陸路通商章程二十一款。續增進口稅則四類三十五種。出口稅則二類二種。茲錄其重要諸款於次。

一、兩國邊界貿易。在百里內均不納稅。（第一款）

一、俄國小本營生。准赴蒙古設有官吏之地方貿易。亦不納稅。惟未設官地方。須有俄國邊界官護照。方能前往。違則將貨入官。（第二款）

一、俄商經張家口。得將運洋貨物總數留十分之二。在口售銷。（第四款）

一、俄商由運至張家口。或天津貨。其進口正稅。按照各國稅則。減收三分之一。（第五款）

一、俄商如由天津運俄貨。由水路赴南北各口。應補納原免三分之一稅銀。如運入內地。應照各國稅則納子口稅。（第八款）

一、俄商由俄國運貨。由水路進口出口。或在南北各商埠販賣土貨。由水路

出口進口。仍照各國稅則一律辦理。（第九欵）

一．俄商在他口買土貨。由津回國。除在該埠照章納稅外。到津應完一子口稅。由領事給照回國。恰克圖不再重徵。不得繞越偷賣。違則貨物入官。（第十欵）

一．俄商在天津通州買土貨。由陸路回國照章完出口正稅。其在張家口購買者。則僅納一子口稅。均領取執照。不再重徵。惟不得沿途銷賣。違者貨物入官。（第十二款）

一．凡中俄國貨物。爲各國稅則未載。或不相符者。應補議稅則。未議定前均按値百抽五辦理。（第十八款）

此項章程。仍維持國境貿易免稅。且協定陸運減稅。是爲當時之大誤。其第二十款。有試行三年。期滿兩國有欲更改之處。應於六個月內照會。逾限仍照展至三年後。會議酌改。如有緊要之處。得以隨時議改等語。同治五年爲試行屆滿之

增修中俄陸路通商章程

期。俄使照會要求改訂開列多款大率誅求以張家口任便通商一欵爲最重要經總理衙門迭次辯駁。僅允其天津免納復進口半稅餘展至二年後再議。嗣俄使仍持前說。一再要求迄無成議。直至同治八年。（一八八九年）始雙方讓步。增修爲二十二款。其改訂最重要者凡三款。一爲前第二款。俄商小本營生。准赴蒙古設官各地貿易。刪去小本營生四字。其不設官地方。須查驗護照。改添行抵中國第一關卡。呈驗護照。一爲俄貨運津酌留十二之在張家口售銷。改爲酌留若干。不加限制。一爲新增之第十二款。『俄商在津販買復進口土貨。由陸路回國。如在原口完清全稅。於一年限內出津。運往俄國。不再重徵。並將暫存天津。復進口半稅給還存票。••••』是爲給還半稅存票之特別條欵。當時與議者。亦知此項辦法有碍稅收。然未能堅拒。僅附註俟與各國議改後再爲照辦。藉以緩于履行之字句而已。其有益於中國稅收者。僅有俄商留銷張家口貨物原按各國稅則三分之一交納。茲改納全稅之一欵耳

俄國乘新疆之亂進佔伊犁

中俄改訂條約還付伊犁

同治十年（一八七一年）五月。俄國乘我新疆回教徒之亂。以維持邊境治安爲名。進佔伊犁。清廷累索不還。一八七八年。左宗棠平新疆。堅索之。兩國國交幾致破裂。嗣以英將調停。由兩國互相讓步。清廷派曾紀澤使俄。於光緒七年。（一八八一年）在俄京聖彼得堡。結締中俄改訂條約二十條。即還付伊犁條約也。除償俄國治理伊犁軍政費八百萬盧布及重訂塔城界約。又劃沿伊犁西部別珍島山順霍爾果期河過伊犁河南至烏宗島山廓里札特村一線以西之地讓與俄國外。其關於通商重要條款。節錄於次。

一。俄國照舊在約伊犁塔爾巴哈營喀什噶爾庫倫。設立領事官外。亦准在肅州（即嘉谷關）及土魯番城。設立領事。其餘如科布多、烏里雅蘇台、哈密、烏魯木齊、古城、五處。俟商務興旺。由兩國陸續商議添設。但土魯蕃非通商口岸。而設領事。他處不得援以爲例。又張家口雖未設領事。准俄民建造舖房、行棧。他處亦不得援以爲例。（第十款）

一。蒙古各處各盟。均准俄人貿易。照舊不納稅。并准俄民亦在伊犂塔爾巴哈台、喀什噶爾烏魯木齊。及關外天山南北兩路各城貿易。暫不納稅。俟將來商務興旺。由兩國議定稅則。即將免稅之例廢棄。（第十二款）

一。俄國人民在中國沿海通商者、照各國通商總例辦理、在中國關內外陸路通商者。照此約及所附章程辦理。此約所載。通商各條。及所附陸路通商章程。每年商議酌改。（第十五款）

一。將來貿易興旺。進出口貨。須另定稅則。均按値百抽三例定擬。於未定稅則以前。應將現照上等納稅之各下等茶出口稅。先行分別酌減。即於條約後一年而會配定。（第十六款）

一。兩國從前所定條約。未經此約更改之欵。應仍舊照行。（第十九款）

三次修改中俄陸路通商章程

同時復與俄國改訂陸路通商章程。增併爲十七條。此爲第三次之修改。明定。出口免稅物品。如外國烟絲、烟葉。及各種麵、砂、穀、米、等數十種。均列爲免稅科目。

俄商無稅貿易地帶

從此內外蒙古。天山南北。皆許俄商無稅貿易。而肅州與土魯番。原非通商口岸。亦准設立領事。張家口並准俄商建造舖房行棧。凡茲規定。剝削我國主權與商務及稅收者。方之前約。益爲深酷矣。

瑪加理書記遇害事件發生

英召公使退出北京

英國　自中英北京條約締結以還。商務權之擴充。貿易額之增加。蒸蒸日上。至此更欲從緬甸開一陸上通商路。以達於我國內地。同治十二年。因印度政府派遣探測隊測量雲南印度間商路。而發生瑪加理書記在雲南遇害之事件。英國要求懲辦官吏保護不周。迫政府立爲嚴厲之處分。政府以瑪加理被殺。係爲土民加害。已將土蠻魁首十餘名處死刑。官吏數名革職留任。以謝英人。顧英國別有野心。聲言清廷處置不力。立召公使捲旗。退出北京。往芝罘。並命英國東洋艦隊。進逼直隸灣中。英國交涉岌岌不可終日。清廷爲恐釀成大釁起見。立命李鴻章爲全權大臣。指天津爲談判地點。但英國不從天津談判之請。清廷不得已。命李鴻章就芝罘會議。於光緒二年七月二十六日締結條約三端。共十六條。專條一

烟台條約之內容

宜昌蕪湖溫州北海開作通商口岸

欵。世所。稱。爲。烟。台。條。約。是。也。兹撮錄關於商務之數欵如左。

一•雲南邊境與緬甸通商事宜。由英國選派官員與雲南督撫派員會同商訂。(第三條)

一•雲南大理府或他處相宜地方。得由英國選派官吏常駐查看通商情形。(第四條)

一•湖北宜昌、安徽蕪湖、浙江溫州、廣東北海、四處。添開作爲通商口岸及領事官駐紮處所。安徽之大通安慶。江西之湖口。湖北之武穴、路溪口、沙市、准輪船停泊。上下客商貨物。皆用民船起卸。四川重慶、可由英國派員駐寓。查看川省英商事宜。(第十條)

一•劃定未定租界各處洋人居住處所界地。(第十一條)

一•洋貨運回外國訂明存票年限爲三年。(第十四條)

一•因兩國法律不同。各口岸審判案件。祇依被告人爲何國人。即依何國官

吏審判。其原告本國官員。祇可赴承審處會審。(第九條)

細觀右列各點。以一書記官被殺。動輒要求通商口岸四處。此爲世界罕見罕聞之事。且將變相的租界制度(即洋人居住處所)推廣至於各地。關稅制度中之存票制度亦於此時確定。領事裁判權經此一番之膨脹。更令吾國主權。去其實質之一部矣。

英法視緬甸安南如囊中物

自此之後。凡十年英法二國在印度支那半島互爭勢力而緬甸與安南遂成爲英法兩國之囊中物矣。緬甸自乾隆五十九年稱臣內附每届十年進貢一次。迨至道光初年以後緬甸與英國通商。將西邊沿海一帶地方讓與英國管理。嗣因商務兵爭。緬非英敵。英遂將其南邊一帶地方逐漸侵佔。光緒八年法遣大使至緬甸。其目的欲於馬來半島克剌峽開鑿運河。以運河所有權歸予法國。且自法國既佔越南。由越南之西貢可達緬甸南境。又取道南掌可窺緬之東北。亦復頗生覬覦。光緒十年法與緬王結法緬攻守同盟密約。

法緬密約

(一)法國代緬王拘禁覬覦

英國劫遷緬王於北印度

王位之實兄緬王以湄公河以東之領土割讓與法國」翌年二月法政府公然將該密約發表英國政府大驚遂定併吞緬甸之策又翌年英借緬王判英國木商歇業之嫌搆衅稱兵劫遷緬王於北印度麻打拉薩是役英自出兵以來不出二週不過激戰而獲全緬中法二國以正在搆釁彼此無暇他顧故英國得不遇第三國之干涉而安然奄有全緬撤我藩籬矣

中英會議緬甸條款

英國既併緬甸對華西南侵略之首功成乘我與法國用兵疲敝之秋迫我訂約承認英國在緬之最高主權及陸路通商協定是時廷臣痛心兵革恐啓兵端於是舍承認外遂無他法矣光緒十二年六月二十三日兩國全權會於北京締結中英會議緬甸條款其主要如左

一・英國仍承認照常例十年遣使進貢中國一次但其使節限於緬甸種族(第一款)

中國承認英國在緬甸之地位

一・中國承認英國在緬甸有最高主權(第二款)

一、中緬邊界應由中英兩國派員會同勘定。其邊界通商事宜亦應另立專章。(第三款)

中緬劃界問題

右條約第三項關於勘界通商之事。雖經締結。而遲之又久。卒未履行。於是有英兵至滇省騰越附近與居民衝突之事。(光緒十七年)經此項風潮發生。而中緬劃界問題又因之緊迫。光緒二十年由駐英中國公使與英外務大臣締結條約於倫敦。名為中英續議滇緬界商務條款。計二十款。其主要如左。

中英續議滇緬條款

一、暫定蠻允、盞西兩路為中英兩國之交通。(第九條)

一、緬甸之仰光。雲南之蠻允。中英兩國各設領事館。(第十三條)

一、英國承認中國人在厄勒瓦諦江(即大金沙江)內有航行自由權。(第十二條)

進出口陸路減稅

一、中國課稅。輸入稅照海關稅則減十分之三。輸出稅照海關稅則減十分之四徵收之。(第九條)

一●中國貨物由旱道運緬甸除鹽外概不收稅英國製造物及緬甸土產由緬甸運到中國除米外概不收稅其鹽米稅不得多於出入海口所收之稅(第八條)

中國外交落入圈套

此續議條欵告成後不特我中國對於緬甸之主權全部讓諸英國即法國對於緬甸所締結之密約亦因此失効於是法政府對於緬甸之野心不能不要求我國政府相當之報償遂有要求修正光緒十三年五月初六日之中法境界與通商條約之事總理衙門不之拒遂由慶親王奕劻與法公使另結新約(光緒二十一年五月二十八日)自此以後法國對於中國陸路通商上之利益亦大加擴張英國政府以中法新約中有江洪河岸確認爲法國領土一節是中法兩國政府私相授受一面與法國談判一面責我國政府不履行江洪不割讓之約要求相當之賠償我國竟落圈套無法拒絕因有光緒二十三年正月李鴻章與英公使之締結中英新協約即更正光緒二十年滇緬界商務條款是也玆述

中英新協約之內容

兩廣門戶開放

其要點如左。

一·前約以蠻允、蓋西兩路。爲中英兩國交通。嗣後若發見他路有貿易稱便者。一律開放。(第九條)

一·前約於蠻允設英國領事館。茲以騰越或順甯代之。更得設領事館於思茅。(第十三條)

一·雲南建築鐵道時。須與英國緬甸鐵道相聯絡。(第十二條)

一·廣西之梧州府。廣東之三水縣城江根墟。開爲通商口岸。英國得派領事於該處。(中緬條約專條)

一·沿香港廣州至三水梧州間水路之江門、甘竹灘、德慶州、肇慶府、四處。按照長江辦法。開爲碇泊塲。(中緬條約專條)

就以上新協約觀之。英國於我廣西廣東雲南四川各省商務上勢力。不特驟爲擴大。且開西南各省陸路通商減稅之局。而我國因國力不充外交家復於不知不覺中損失利權且貽腹地以無窮之患斯可爲長太息者也然此猶就英國於我國內地各省享陸路通商減稅之特殊利益者言之至於西藏之陸路通商且享有免稅之利益矣此種免稅利益由於光緒十九年十月所締結之中英會議藏印條欵其主要各點如左

藏印陸路通商免稅之條款

一・藏內亞東自光緒二十年三月開關通商英國商民得自由貿易（第一欵）

一・英國商民到亞東通商無論何人概照該處常規公平交易（第二欵）

一・英商所運之貨物由印度進西藏或由西藏進印度經過藏哲（哲孟雄）邊界者無論何處出產概免納進出口稅但準以五年爲限限滿查看情形由兩國國家酌定稅則照章納進出口稅（第四欵）

一・印茶俟百貨免稅限滿後方可入藏銷售其稅則不得過華茶入英納稅之數（第四欵）

法國　自咸豐九年聯合英軍陷北京。焚掠圓明園。迫我國締結北京條約以還。迄光緒十三年中法戰爭終止。三十年中。締結條約。凡五起。除完納船鈔章程外。其餘四次。半係關於陸上通商減稅免稅之協定。茲分述之於左。

法國經營安南之始

法之經營安南也。爲時早在明清之交。派遣宣教師入交趾傳教。至乾隆五十二年（一七八七年）安南內亂。阮嘉隆王求援於法。訂法安同盟。而法在安南之勢力漸伸。自此教士勢燄日張。而安南人民排教之念亦日熾。迄於咸豐八年。

西貢條約

因戕殺西班牙教師案。遂召法西聯軍。終於屈服。同治元年五月。訂西貢條約。除傳教信教自由外。法西安三國人民。自後彼此自由通商。其餘戰敗國負擔條欵。應有盡有。自此安南局勢日削。而吾國與法國間因安南問題日在紛議之中者。凡三十年。以同治十三年（一八七四年）之法安條約最爲吾國所難容。

益難避免之中法間衝突

忍而中法間之衝突。益難避免矣。李鴻章曾紀澤等雖從中緩和。而因法國內閣更換。急進派蘭克爾當國。益復輕視吾國。而安南讐法運動遍於全境。光緒九年。法安

促安南滅亡之順化條約

復爲第二次搆兵安南敗績。是年八月二十三日。法將嚇爾曼進順化府。於法國公使館與安南全權大臣鄭丁德副使阮仲合結媾和新約二十八條。世稱爲順化條約。最主要者爲安南政府自承認爲法蘭西之保護國。方諸同治十三年之西貢條約更進一步。遂爲中法戰爭之導火線矣。

中法戰爭開始

中法釁端既開。法兵疊陷山西北甯。李鴻章主和之說。又趨有力。因德人德特林克之斡旋。李鴻章與布爾伊尼於天津締定媾和草約五款。內容不啻承認法安前兩次所締結之條約。其時中法兩國政府。各有主戰派橫亘其中。咸無履行誠意。因撤兵時間之爭執。而法軍遂在諒山向我軍挑戰。而中法戰爭開始矣。自光緒十年五月二十八日至翌年四月二十七日。南疆沿海數省。盡化爲戰鬥區域。福州、台灣、黃海之戰。我國皆敗。南洋艦隊。殆將殲焉。惟諒山之馮子材。臨洮之岑毓英軍。皆先後告捷。法國適於此時政變。漸有媾和之意。清廷鑒於前次北京陷落之寒心。因英公使巴夏禮之調停。李鴻章與法公使巴特納會於天津。訂媾

中國承認安南爲法國保護國

規定中法安南邊境通商細則

和。條。約。十。欵。其主要者如左。

一・中國承認安南爲法國之保護國。(第一・第二款)

一・勞開以上諒山以北二處由中國選擇開爲通商口岸。(第五款)

一・兩國另派員會勘邊界協定通商細則。(第三・第六款)

自此條約協定後。中法戰爭遂告終局。翌年(即光緒十二年三月二十二日)復。有。安。南。邊。境。通。商。細。則。十。九。款。之。規。定。其要旨如左。

一・勞開以上諒山以北二處之通商口岸。法國得派領事。河內海防二府。中國得派領事。彼此皆以最惠國領事待遇。(第一・第二款)

一・中國人民。得於安南各地。置地建屋及開設行棧。其保護身家財產。與最惠國人民同等。(第四款)

一・新開二通商口岸之關稅。輸入稅照海關稅減五分之一征收。輸出稅照海關稅減三分之一征收。(第六・第七款)

中越界務專約與商務細約

龍州蒙自蠻耗開爲通商口岸

內河貨物免稅條款

當我國與法國媾和時。本有賠償軍費之要求。自此通商細則規定以後。而賠償軍費之議遂寢。因此法國人民。嘖有煩言。適翌年法政府任命恭士達爲北京全權公使。復以協議安南國界爲名。遂又有中越界務專約與商務續約之締結。（光緒十三年五月六日）其要旨如左。

一・廣西之龍州。雲南之蒙自蠻耗。開爲通商口岸。（第二條）

一・各通商口岸之關稅。輸入稅照海關稅則減十分之三徵收。輸出稅照海關稅則減十分之四徵收。（第三條）

一・法國及北圻船隻。從諒山至高平、復由高平至諒山。經過龍州至高平幷高平至龍州之河。每次通過納每噸鈔銀五分。船內貨物一概免稅。（第六條）

一・關於中國南部西南部與他國結通商條約時。無論何等利益。法國一律享受。（第七條）

中法境界及通商續議專條

由此觀之。法國對於我中國商務上侵略之野心。可以概見。先是。法國與緬甸。訂立密約。領有湄公河左岸之地。復因英國用兵緬甸。而法國對於緬甸條約上之權利。不能享有。其時駐北京法國公使哲拉爾。迭要求修正光緒十三年五月之條約。總理衙門。不之拒。由慶親王奕劻。與法公使。另訂新約。即光緒二十一年五月。所謂中法境界及通商續議專條是也。其要旨如左。

一・前約開龍州、蒙自、蠻耗、三處爲通商口岸。茲以河口代蠻耗。而加開思茅一處。（第二・第三條）

一・越南鐵道得接至中國境內。（第五條）

一・雲南之思茅與越南孟阿間接續兩國電綫。（第六條）

上述爲咸豐十年至光緒二十三年。中國海陸關稅變遷之大略。俄國侵略東北。英法侵略西南之成功。我關稅之形勢。更每況愈下矣。

第四節　中日戰爭及外債與關稅

中日締約之始

日本勃興後之對華野心

中韓水陸貿易章程

日本與中國通商。雖早於各國。以國力薄弱。即有野心。亦不克逞。同治十年。（一八七一年）始步英法各國之後塵。遣使至天津。與我國訂立通商條約。雖亦分沾貿易上利益。然以未獲有最惠國條款。不能均享諸般之優越權利。此固爲日本之所不滿者。因於同治十三年以台灣生番殺害琉球島人事件。藉保護島人爲名。占據琉球羣島而有之。其時中國以力不能及。亦無可如何也。及明治天皇繼位。勵精圖治。二十年之生聚訓練。國力大增。亟欲躋高其國際地位。以與歐美各國角逐遠東之利益。因中國東南及西北與長江之貿易。均爲各國所分割。惟東北之滿洲。尚富利源。然欲染指於滿洲。必先取得其鄰壤之韓國（即朝鮮）以爲根據地。韓國雖爲中國屬國。歷史上與日本之關係。亦極密切。日本之陰圖韓國。已歷數百年之久。處心積慮。實有必得之志。清廷亦重視對韓之經營。於光緒八年。（一八八二年）與韓國訂中韓水陸貿易章程。特開京城、義州、會寧、三處。爲通商口岸。其章程中有云。「今回締結水陸貿易章程。係中國優待屬邦之意。

中國助韓整理稅務

日本心目中之中韓關稅同盟

非與各國一體均霑』蓋爲避免各國最惠條欵之藉口。亦足見其時中國對韓之優厚也。九年韓國京城兵變。傷害日人。日本興兵問罪。中國因韓王之請。出兵往援。並任袁世凱爲駐韓全權大臣。復派德人莫倫多爲韓國海關長以整理韓國之稅務。嗣後總稅務司赫德擴張海關行政於韓國各商埠。中韓稅務。遂成下列形勢。(一)韓國海關幹部。由中國任用中國海關中之外人。歸中國總稅務司遙轄。(二)兩國外部關稅。依舊繼續。內部關稅。與出入內國各港時。互受同等待遇。(三)對於兩國間輸出貨物。互發納稅證及裝載證。以謀課稅及統計之便利。(四)韓國許將禁止出口之人參。輸出於中國。中國亦許將禁止出口之粮食。輸出於韓國。(五)鴨綠江陸路境界貿易。祇許限於兩國人民。輸出入從價五釐稅。外免除內國通行稅。菜蔬、瓜菓、家禽、魚肉、等食品。一槪無稅。日本認此爲中韓之關稅同盟。與日本貿易上以打擊。圖韓之念更切。因極力慫慂韓國獨立。以脫出中國勢力範圍。而遂其呑倂之詭計。光緒二十年(一八九四年)遂釀成東學黨之亂。而藉詞

日本藉詞出兵掃除中國在韓勢力

極苛酷之馬關條約

中國承認韓國獨立

中國割讓奉天南部及各島嶼

中國干涉韓國內政出兵雖經各國之干涉、調停、忠告。迄不撤退更壓迫韓廷極力掃除中國在韓之勢力一意尋釁無端擊沉滿載千二百兵士之高陞輪船以開戰局戰爭結果。中國北洋艦隊。盡被覆滅。陸軍亦處處失利。完全戰敗。武力下之馬關條約十一款。遂於光緒二十一年三月二十二日。(一八九五年四月十七日)成立。其條文之苛酷誠有不忍言者。此約一締日本國際地位立躋於大國之列中國國際地位遂行低落矣茲節錄該約於次。

一、中國承認韓國爲完全無缺之獨立自主。故凡有虧損獨立自主國制。即如該國向中國所修貢獻典禮等。概行廢絕。(第一款)

一、中國將管理下開地方之權。併將該地方所有堡壘、軍器工廠、及一切屬公物件。永遠讓與日本。(一)下開劃界以內之奉天省南邊地方從鴨綠江口溯該江以抵安平河口。又從該河口劃至鳳凰城、海城、及營口而止。劃成折線。以南地方所有前開各城市均在劃界線內。該線抵營口之遼河

賠欵二萬萬兩

日本取得最惠條欵

開埠行輪

例優豁免

日本取得國內工藝製造之權

後。即順流至海口止。彼此以河中心爲分界。遼東灣東岸及黃海北岸。在奉天所屬諸島嶼。亦一併在所讓境內。（二）臺灣全島及所有附屬各島嶼。（三）澎湖列島。（第二款）

一．賠償日本兵費庫平銀二萬萬兩。分七年八次交淸。年息五釐。以關稅爲擔保。（第四款）

一．日本除享有歐美各國最惠國條款外。並得將前訂諸條約廢除另議。下開各款。於此約簽印後六個月後。依照實行。（一）開沙市、重慶、蘇州、杭州、爲商埠。日本得派遣領事駐紮各口。（二）日本輪船得由宜昌駛至重慶。由上海經吳淞及運河駛至蘇州、杭州。裝運客貨。（三）日本臣民在中國內地購買製品及生貨。或將進口貨運往內地。如欲暫行存棧。除勿庸完納稅鈔派徵一切諸費外。得暫租棧存貨。（四）日本臣民得在中國通商口岸城邑、任便從事各項工藝製造。又得將各項機件。任便裝運進口。只交所定進

口稅。在中國製造一切貨物。於內地稅釐一概豁免。（第六欵）

遼南條約退還奉天南部及其島嶼

觀上列諸欵。割地之多。賠款之鉅。更以商務上種種之特殊權利。中國所喪失者。實較天津南京諸約尤有過之。雖當締約之際。李鴻章、伍廷芳利用列強之牽制。英法俄向日本提出忠告。遂得另訂遼南條約。將奉天南部及遼東半島所屬諸島嶼退還。然尙付三千萬兩之代價也。日本於此取得最惠條款。更獲在中國各口從事製造業之協定。開外人設立工廠之惡例。國貨受其抑制。工商業蒙大損害。間接所影響於關稅者。亦非淺鮮。至於因應付此次戰事之前後而舉鉅額之外債。尤遺鉅害。是亦最可痛者。當詳述於後也。

工商業受害之病根

中日通商條約

依前約第六欵『前訂約章廢除另議之規定』。於次年六月十一日。（一八九六年七月二十一日）締結中日通商條約二十九款。除與各國通商條約所載。應有盡有外。於前約第六款所列詳加解釋。至是日本對華貿易所獲之利益。不僅與歐美各國並駕齊驅。且有駸駸臨駕之勢矣。

由馬關條約發生之弊害

英國要求英人聯任總稅務司

法國要求郵政總監

各國占據口岸均訂為租借地

馬關條約。中國對日本所蒙之損失。既如上述。尤有因該約而發生之弊害。直接。或間接。影響於關稅者。不一而足。緣當媾和談判之際。李鴻章伍廷芳等。欲利用列強之牽制。以遏日本之兇焰。事後各國。遂相率索取報酬。如鐵道敷設權。礦山採掘權等。紛紛提出要求。又英國欲永握海關大權。特乘時與總理衙門約定。『英國對華貿易。較他國優越。總稅務司一職。以後應任命英人聯任』以免他國之爭取。法國因亦攫取海關行政中一部之郵政事業。『約定將來郵政與海關分辦時。應任法人為郵政總監』尚有因日本對華地位之驟躋超特而引起列強之抵制心。不惜以中國為魚肉。於光緒二十三年迄二十五年。（一八九七—一八九九年）紛起各據一二港口以擴充其在中國之根據地。德國占領膠州灣。俄國占領旅順及大連。英國占領威海衛及九龍全部。法國占領廣州灣。均要求訂為租借地。（各國租借地條約以關係過鉅。當於另節專論之。）由各租借地直接或間接所生之影響。則更不勝書矣。

因鐵道敷設權損及關稅

又有因鐵道之敷設權而損及關稅者。如中俄合辦東清鐵路。（今稱中東鐵路）於光緒二十二年七月二十五日（一八八六年九月二日）訂中俄東省鐵路合同。其關於關稅之二款。創立優例之豁免。茲錄於次。

中俄東省鐵路合同優例免稅

一・凡該公司建造修理鐵路所需料件。應免納各項釐稅。（第七款）

一・貨物行李由俄國經此鐵路仍入俄國地者。（指海參威）概免釐稅。惟此項貨物。除隨身行李外。應另裝車輛。通過中國境地時。入境由稅關封固。出境由該處稅關查驗。如未開封。即放行。否則將貨入官。至中國經此道運至俄國。或俄國經此道運至中國之貨物。應照各國通商稅則。交納出入正稅。惟此稅較之稅則所載之數減三分之一交納。若運往內地。完納子口稅後。概不重徵。中國應在此鐵路交界兩處。各設稅關。（第十款）

東省鐵路公司續訂合同

上項合同因中俄旅大租界條約。有將東清鐵路推修枝路至旅大之規定。於光緒二十四年五月十八日（一八九八年六月二十四日）成立東省鐵路公司

租借地稅權喪失之原始

續訂合同七欵。關於稅務。亦有重要之條文二欵。茲節錄於次。

一·此枝路經過一帶地方。准公司開採建造經理鐵路需用之煤鑛。計斤納價。由總監工或其代辦與地方官公同酌定。不得過別人在該地採煤所納之稅數。

一·俄國可在遼東半島租地內。自行酌定稅則。中國可在交界征收貨從該租地出入之稅。此事中國可商允俄國將稅關設在大連灣。自該口開埠通商日爲始。開辦及經理之事。委派東省鐵路公司代辦。此關專歸北京政府管轄。由代辦人將所辦之事。按時呈報。中國另派員爲駐該稅關委員。搭客行李及貨物由俄境運至此租借地內。或由此租借地運赴俄境。概免一切關稅釐金。貨物從中國內地運往租地。或從租地運入內地。應照中國海關稅則。分別完納進出口稅。無增無減。

上約雖有大連設關之規定。而俄國外部大臣來函。亦有『中國政府與東省鐵路公司商訂南滿洲支路合同。載明章程。願俟大連灣開埠日起。在該口設立稅關等情。俄國國家可照所議允行。惟此關開辦後。經理事宜等項。均應查照合同辦理』然雙方迄未正式履行。及至日俄戰爭之後。遼東半島租借權由俄國讓與日本。始與中國訂立大連設關之條約也。

中俄大連關稅協定迄未履行

互惠待遇之中韓通商條約

韓國自入日本勢力範圍。外表雖爲獨立國家。實已成爲日本之保護國。中韓關係因之一變。前訂水陸通商章程已不適用。光緒二十五年八月初七日。(一八九九年九月十一日)締結中韓通商條約十五款。一切均取互惠。茲節錄其重要各欵於次。

一·中韓商民往來貿易一切稅鈔。均照兩國海關章程。與徵收相待最優之國商民稅鈔相同。兩國已開口岸。均准彼此商民前往貿易。其章程稅則。悉照相待最優之國所訂相同。(第三欵)

一·兩國人民犯法。各按本國律例審辦。韓人在中國被華人損害。由中國按

鴉片人參之禁運

律審辦。華人在韓國被韓人損害。由韓國按律審辦。兩國人民涉訟。應由被告所屬國官員。按照本國律例審斷。原告所屬國可派員聽審。並許傳詢駁辯。兩國人民犯本國律禁私逃。均不得隱匿袒庇。（第五款）

一、中國米穀禁運外洋。韓國雖無此禁。如禁內缺食。暫禁出口。經地方官照知後。由中國轉飭商民遵辦。

一、凡軍火武器。由兩國官員自行採辦。或商人領有進口之國官員准買明文。方許進口。如有私販。查拏將貨入官倍罰。鴉片韓國禁品。華人如有私運者。查拏入官倍罰。人參韓國舊禁出口。華人如有潛買及出口未經政府特允者。均查拏入官分別懲罰。（第九款）

一、兩國陸路交界邊民向來互市。定約後應重訂陸路通商章程稅則。邊民已越墾者。聽其安業。以後如有潛越邊界。彼此禁止。（第十二款）

觀上約雖均爲互惠性質。然韓國外交亦誠不弱。觀其鴉片人參禁運振振有詞。以視我國對外各約能不愧憾耶。

中日戰爭之結果

更有因中日戰事而遺無窮之害者即鉅額之外債耳中國因應付中日戰爭。前後於光緒二十年至二十四年五年中凡舉外債七次爲數達五萬萬元各債無一次非用關稅爲擔保而附帶種種之束縛條款致使稅收入於各國監督之下是應大書而特書者也。

外債起源

關稅擔保之六大次借款

我國借募外債之起源。其可考者同治六年捻匪之亂。左宗棠大軍西征。向上海洋商借欵一百二十萬兩。以海關稅及納稅票爲擔保同治十三年日本侵略臺灣。清廷命閩督出兵應援。由欽差大臣沈葆楨向洋商借銀二百萬兩。以海關稅票爲擔保光緒三年左宗棠平定新疆需款善後由英國滙豐銀行借銀五百萬兩。以温州、廣東、上海、漢口四處海關稅及稅票爲擔保光緒四年因創辦海軍。由德華銀行借款二百五十萬馬克。擔保爲關稅及稅票光緒五年因修築頤和園由滙豐銀行借款一千六百十五萬兩。擔保爲關稅及稅票。光緒十三年中法

海關稅收確實遂爲各國垂涎

因安南開釁。由德國瑞記洋行購入軍火。訂借五百萬馬克。擔保爲關稅及稅票。以上六次借欵。均以關稅爲擔保。其時庫帑尚裕。債額無多。故均能按期一一清償。雖以關稅爲擔保。尚無極大影響。然因此海關稅收之確實可靠。遂爲各國所垂涎。啟其投資以攫稅權之野心矣。

光緒二十年因日本出兵壓迫韓國。中國出兵往援。軍用之費倉卒莫措。英國首起投資。嗣後由朝鮮之亂而變爲中日之戰。俄法各國亦均競起。或售軍械。或假現金。前後七次債款。以英國占大多數。茲特分述於次。

滙豐銀款

第一次爲滙豐銀行借欵。成立於光緒二十年。由滙豐銀行承借。債額庫平銀一千萬兩。年息七釐。九八扣、期限二十年。前十年付利。後十年償本。訂有合同二十一欵。其擔保條件於次。

一・清政府應將海關所出債票。於一九八五年三月十五日。或十五日前。交付滙豐銀行之上海支店收執。各埠海關應擔負債務若干。聽憑該銀行酌定。總以各埠所擔任總數之債務。勿過應償本息之總數爲限。該項債票。即由各該經管作抵海關之稅務司簽名。該管地方之總督或巡撫。及海關監督蓋印。（第十四欵）

一·清政府玆授該銀行以各通商口岸之關稅。以爲海關債票之擔保。其已抵出者不在此例。如該債票不能屆期付息還本。清政府准該銀行前往各通商口岸徵收稅欵。總以該債票應淸償之債額爲限。（第十五欵）

一·滙付利息或按成攤還之期。若不將該欵劃付。則此項海關債票。仍以按照票面票額及結至屆期後或逾期後之利息計算。作爲繳付。各埠應收受爲完稅之用。（第十六欵）

一·設遂時利息及按成攤還各欵。不遵此合同條款。或海關債票或關稅欵中不能按期提還。大淸皇帝及其承繼人與其政府。應任賠償之責。并應於海關停止支付之日起。遲行淸償各該息欵。暨息款等之利息。結至淸

償之日爲限。（第十七款）

第二次爲滙豐金欵。成立於光緒二十一年正月初一日。（一八九五年一月二十六日）。由滙豐銀行承借債額英金三百萬鎊。年息六厘。九二扣。期限二十年。前五年付利。後十五年償本。訂有合同十五款。其擔保條款。節錄於次。

一·此項償欵。除以前已將關稅作抵未清償之各債外。對於以後債款。有優先清償之權。後借之款。不得有防碍此債擔保之發生。（第九款）

一·此項債款。由總理衙門與戶部。發給海關債票爲擔保。該債票須由總稅務司簽字。（第十款）

一·除上述擔保品外。由海關出具金鎊債票。按同作抵。須由地方官及稅務司簽名。如到期不能將該債票本利劃歸。則此項債票。得在各埠作爲繳付並應收受爲完稅之用。（第十一款）

第三次爲克薩借款。成立於光緒二十一年閏五月初六日。（一八九五年六月二十八日）由英國怡和洋行承借債額英金一百萬磅。年息六厘。九五半扣。期限二十年。前五年付利。後十五年償本。訂有合同十三款。其擔保條款節錄於次。

一·此借款應付本息以各口關稅爲担保。其清償優先權緊接一八九五年滙豐金款之後。以後借款不得侵碍。（第五款）

一·中國發給上海關票。並蓋印由稅務司簽字交麥加利銀行收執。爲加保之據。（第六欵）

一·中國再按借款本息發給金磅關票。爲再加保之用。須由督撫蓋印稅務司簽字。如不能按期交付本息時。即用該關票在各口完稅。（第七款）

瑞記洋款

第四次爲瑞記洋款。與克薩借款同時成立。由德國瑞記洋行承借債額英金一百萬鎊。年息六厘。九六扣。期限二十年。前五年付息。後十五年償本。訂有合同十二款。其擔保條款節錄於次。

二重擔保品之江蘇鹽課厘金

一·此款本息均以江蘇鹽課、厘金、籌捐、等項歸還。特以關稅作保。有優先清償之權。(第六款)

一·中國按照此款本利發給海關債票。交與德國駐上海總領事收存。以爲加保之據。(第七款)

俄法借款

第五次爲俄法借款。與克薩借款。同月十四日成立。(一八九五年七月六日)由俄法兩國銀行承借債額法銀四萬萬佛郎。年息四厘。九四又八分之一扣。期限爲三十六年。分年攤還。訂有合同十款。此借款係與英德競爭投資。故利息既輕。擔保條款亦較讓步。改用股票分年掣簽償還之法。茲節錄其擔保條款於次。

俄法與英德競爭投資

一·此項股票並息票。無論何時均不納中國各稅。(第六款)

一·此項借欵。以中國海關稅及存票爲押保。如遇付款阻隔或滯緩之處。俄國國家與中國國家商明。允許立合同之銀號各商董。一面如期蟬聯周備。發給到期應銷票本及票息之款。(第九欵)

英德借欵

束縛海關行政之借款合同

第六次爲英德借欵。於光緒二十二年二月初十日成立。(一八九六年三月二十五日)由滙豐銀行及德華銀行承借債額英金一千六百萬磅。年息五厘。九四扣。期限三十六年。分年淸償。訂有合同十八欵。其擔保條款節錄於次。

一·此項借欵以各關稅銀爲抵償。有優先淸償權。如關稅付還此欵本利不敷時。中國應另行設法付還。至此次借款未付還時。中國總理海關事務應照現今辦理之法辦理。(第七款)

一·此借欵應由總理衙門會同戶部。按本利全數發給關票。並由總稅務司簽字。連同作保。(第八款)

一·通商各關。應另備金鎊關票。由江海關監督並兩江總督蓋印。上海稅務司簽字。交德華及滙豐銀行各半收執。聯環作保。如本息一次不按照訂期交付。此項關票。應可抵完各口關稅。此節應請旨飭各口官員遵辦。(第九欵)

第七次爲英德續欵。於光緒二十四年二月初九日成立。（一八九八年三月一日）亦由滙豐德華兩銀行承借。借額一千六百萬磅。年息四厘半。九三扣。期限四十五年。分年清償。訂有合同十七款。其擔保條欵於次。

一．此借欵除以前抵稅所借未還之欵外。全以各口關稅並後開各厘金儘先償還。（一）蘇州貨釐約八十萬兩。（二）松滬貨厘約一百二十萬兩。（三）九江貨厘約二十萬兩。（四）浙東貨厘約一百萬兩。（五）宜昌鹽厘。約一百萬兩。（六）鄂岸鹽厘約五十萬兩。（七）皖岸鹽厘約三十萬兩。以上各處厘金現計共銀五百萬兩。即派總稅務司代徵。照廣東六廠辦法。嗣後若再有稅厘作抵之借款。均不得有礙此款擔保。此次借款未付還時。中國總理海關事務。應照現今辦理之法辦理。如以上稅厘不敷償付時。應另行加指足敷抵償之項。仍由總稅務司代徵。此借欵付清償前。如遇修改稅則。減撤厘金之議。既不得因有厘金抵押借款。即不修改稅則。

即若擬此次所指厘金減撤。應先向銀行等商明。亦不必將新改稅則加徵之稅。儘先如數補指抵款。（以上第六欵）

外人監督稅收範圍大擴張

此外尙有七八兩款。均與前次英德借款合同第八九兩欵相同。茲不贅錄。各國對中國之競相投資。以承借此鉅額之債欵。蓋欲爭得在華之勢力。迄於今日。俄法借欵及兩次之英德借欵。尙未能償清。主權上受無窮之損失。如以關稅擔保之外。更加入七處之貨厘及鹽厘。而將其徵收權移歸海關管理。是更擴張外人監督稅收之範圍。至規定『債欵未償清以前。中國總理海關事務。應照現今辦理之法辦理。』是英人欲鞏固其執掌海關之地位。使中國不能變更關稅行政。今日猶未能脫此項規定之束縛也。總之。各國無非以對埃及之成法而施諸中國。視中國爲埃及第二而已。

第五節　八國聯軍戰禍下之關稅

八國聯軍戰禍緣起

十九世紀後半世紀間。既爲列國對華侵略。徵逐時期。各國惟利是圖。動輒侵

辛丑和約

四億五千萬兩之庚子賠款

賠款擔保之財源

害中國主權。積怨既深。朝野上下。對於外人。痛心疾首。愛國之義憤。醞釀而成排外激烈之暴動。光緒二十六年。（一九〇〇年）義和團因教案爆發。傷害外人。圍攻使館。結果英、法、俄、德、日、美、意、奧、八國。聯軍。（後復加入荷蘭比利時二國）攻入北京。盤踞年餘。國庫古物。掠取淨盡。時以均勢關係。倖免瓜分之局。然而一再脅迫清廷。訂辛丑和約。實已足致中國之死命。該約除懲辦排外官吏。停止科舉。嚴禁人民排外諸款外。其關係於關稅。極為重要。茲節錄其要旨如左。

一・賠償各國兵費。海關銀四億五千萬兩。分三十九年清付。年息四厘。複利計算。中國出立担保償付證書。其指定担保財源進款。每月交由各國之委員團收存。

一・指定担保之財源及辦法於後。

甲　關稅付給舊有債項之餘款。

乙　進口稅增至切實值百抽五。向例免稅各貨。除外國糧食、金、銀、及錢幣外均課輸入稅。惟從來之從價稅。改爲從量稅。以一八九七至一八九九、三年間平均貨價。爲計算稅則之標準貨價，以上各種之增收款。

丙 常關之收入。凡商埠五十里內之常關。均歸併海關管理。

丁 鹽款償還舊債之餘款。

一・各國對於前訂通商條約。有視爲應行改定者。均得商改。

一・修浚北河黃浦二河道。由國際經管中國由關稅項下。撥款補助。北河年付工費關銀六萬兩。黃浦年付關銀二十三萬兩。

觀上項四億五千萬鉅額之賠款。外人爲求充分之担保，指定以關稅、常關稅、鹽款。三項之收入抵償。其影響所及。爲何如乎。

關稅 前於一八九六年與一八九八年。兩次之英德借款。已受擔保條約之束縛。今又加入此項之擔保。雖附有修改稅則減少免稅物品類之條件。然每年增收之款。實遠不足抵償付之數也。

五十里內常關劃歸海關管轄之始

九萬萬餘兩之庚子賠款本息

各省攤派賠款數目

常關　歸併海關管理之結果。舉天津、牛莊、芝罘、蕪湖、宜昌、沙市、九江、上海、溫州、寧波、三都澳、廈門、汕頭、廣州、梧州、瓊州、江門、北海、等十八處商埠。五十里內之常關。均入於外人掌握。且海關行政自此擴其範圍及於全國口岸之帆船貿易矣。

鹽稅　亦爲英德借款指定之擔保。茲又增加此鉅大之擔負。鹽稅。稅權。遂漸入外人監督之下矣。

庚子賠款。雖爲四萬五千萬兩。依年息四厘。三十九年分賠。逐年積算。本息須付九萬萬二千二百零六萬四千零七十四兩。年付自一千九百萬至三千三百萬之多。平均每年須付二千二百餘萬兩。當時由戶部核議籌付辦法。按各省財力。每年攤派共一千八百八十萬兩。繳由上海江海道存儲屆期交付（東三省爲清室之發祥地除外。）其餘不足之三百餘萬兩。由國庫提償。茲將一九〇一年起。至一九四〇年止。分年賠付款額表。各省每年攤派賠款表。及各國分得賠款數目表。分列於后。

（甲）分年賠付款額表

期	年	本金	利金	合計
第一期	光緒二十七年 一九〇一年	……………兩	九〇〇〇〇〇〇兩	九〇〇〇〇〇〇兩
	一九〇二年	一九二三〇七七	一八〇〇〇〇〇〇	一九九二三〇七七
	一九〇三年	同	一七九二三〇七七	一九八四六一五四
	一九〇四年	同	一七八四六一五四	一九七六九二三一
	一九〇五年	同	一七七六九二三一	一九六九二三〇八
	一九〇六年	同	一七六九二三〇八	一九六一五三八五
	一九〇七年	同	一七六一五三八五	一九四六一五三九
	一九〇八年	同	一七五三八四六二	一九五三八四六二
	宣統元年 一九〇九年	同	一七四六一五三八	一九三八四六一五
	一九一〇年	同	一七三八四六一五	一九三〇七六九二

第二期	一九一一年	三九二三〇七七	一七三〇七六九二	二一二三〇七六九
	民國元年 一九一二年	同	一七一五〇七六九	二一〇七三八六四
	一九一三年	同	一六九九三八四六	二〇九一六九二三
	一九一四年	同	一六八三六九二三	二〇七六〇〇〇〇
第三期	一九一五年	九六九三三〇八	一六六八〇〇〇〇	二六三七三三〇八
第四期	一九一六年	一一六九二三〇八	一六二九二三八八	二七九八四六九六
	一九一七年	同	一五八二四六一五	二七五一六九二三
	一九一八年	同	一五三五六九二三	二七〇四九二三一
	一九一九年	同	一四八八九二三一	二六五八一五三九
	一九二〇年	同	一四四二一五三八	二六一一三八四六
	一九二一年	同	一三五九三八四六	二五六四六一五四
	一九二二年	同	一三四八六一五四	二五一七八四六二

	一九二三年	同	一三〇一八四六一	二四七一〇七六九
	一九二四年	同	一三五五四七六九	二四二四七〇七六
	一九二五年	同	一二〇八七〇七七	二三七七九三八五
	一九二六年	同	一三五一九三八四	二三三二一六九二
	一九二七年	同	一二五二一六九二	二三八四八〇〇〇
	一九二八年	同	一〇六八四〇〇〇	二三三七六三〇八
	一九二九年	同	一〇二二六三〇七	二一九〇八六一五
	一九三〇年	同	九七四八六二五	二四四〇九二三
	一九三一年	同	九二八〇九二三	二〇九七三三一
第五期	一九三二年	二四四七〇〇八六	八八一三三三一	三三八三三一七
	一九三三年	同	七八三四四二七	三三三〇四五一三
	一九三四年	同	六八五五六二四	三一二三五七一〇

一九三五年	同	五八七六八二〇	三〇三四六九〇六
一九三六年	同	四八九八〇一七	二九三六八一〇三
一九三七年	同	四一一九二一三	二八五八九二九九
一九三八年	同	二九四〇四一〇	二七四一〇五九六
一九三九年	同	一九六一六〇六	二四一三一六九二
民國二十九年 一九四〇年	同	九七八八〇三	二五四四八八九
合計	四五〇〇〇〇〇〇〇〇	五〇三〇六四〇七四	九三三〇六四〇七四〇〇〇

（乙）各省每年攤派賠欵表

省名	攤派賠款數目
江蘇	每年 二,五〇〇,〇〇〇兩
廣東	每年 二,〇〇〇,〇〇〇兩

江西	每年	一,四〇〇,〇〇〇兩
安徽	每年	一,〇〇〇,〇〇〇兩
四川	每年	二,二〇〇,〇〇〇兩
浙江	每年	一,四〇〇,〇〇〇兩
湖北	每年	一,二〇〇,〇〇〇兩
山東	每年	九〇〇,〇〇〇兩
河南	每年	九〇〇,〇〇〇兩
福建	每年	八〇〇,〇〇〇兩
湖南	每年	七〇〇,〇〇〇兩
新疆	每年	四〇〇,〇〇〇兩
廣西	每年	三〇〇,〇〇〇兩
貴州	每年	二〇〇,〇〇〇兩

山西	每年	九〇〇,〇〇〇兩
直隸	每年	八〇〇,〇〇〇兩
陝西	每年	六〇〇,〇〇〇兩
甘肅	每年	三〇〇,〇〇〇兩
雲南	每年	三〇〇,〇〇〇兩

（丙）各國分得賠款數目表

國名	關平銀數	每兩關平銀折合外國貨幣數	正本數	本息數
俄羅斯	一三〇,三七一,一二〇.〇〇〇	魯布 一.四一二	魯布 一八四,〇八四,〇二一.四〇〇	魯布 四〇一,八〇九,六六三.六七五
德意志	九〇,〇七〇,五一五.〇〇〇	馬克 三.〇五五	馬克 二七五,一六五,四三三.三三五	馬克 六〇〇,六一七,七三五.三三五
法蘭西	七〇,八七八,二四〇.〇〇〇	佛郎 三.七五〇	佛郎 二六五,七九三,四〇〇.〇〇〇	佛郎 五八〇,一六〇,九三五.五八四
英吉利	五〇,六二〇,五四五.〇〇〇	金鎊 〇.一五〇	金鎊 七,五九三,〇八一.七五〇	金鎊 一六,五七三,八一〇.二七四

日本	三四,七九三,一〇〇·〇〇〇日幣	一·四〇七日幣	四八,九五三,八九一·七〇〇日幣	一〇六,八五四,一七七·八一八
美利堅	三二,九三九,〇五五·〇〇〇美金	〇·七四二美金	二四,四四〇,七七八·八一〇美金	五三,三四八,一四五·一六六
意大利	二六,六一七,〇〇五·〇〇〇佛郎	三·七五〇佛郎	九九,八一三,七六八·七五〇佛郎	二一七,八六八,六四七·九二三
比利時	八,四八四,三四五·〇〇〇佛郎	三·七五〇佛郎	三一,八一六,二九三·七五〇佛郎	六九,四四七,〇六一·一四八
奧地利	四,〇〇三,九二〇·〇〇〇克勒泥	三·五九五克勒泥	一四,三九四,〇九二·四〇〇克勒泥	三一,四一八,七二五·九五七
荷蘭	七八二,一〇〇·〇〇〇佛樂林	一·七九六佛樂林	一,四〇四,六五一·六〇〇佛樂林	三,四〇四,〇〇五·二八九
西班牙	一三五,三一五·〇〇〇佛郎	三·七五〇佛郎	五〇七,四三一·二五〇佛郎	一,一〇七,五九六·二九五
葡萄牙	九二,二五〇·〇〇〇金鎊	〇·一五〇金鎊	一三,八三七·五〇〇金鎊	三〇,二〇三·七九六
瑞典挪威	六二,八二〇·〇〇〇金鎊	〇·一五〇金鎊	九,四二三·〇〇〇金鎊	二〇,五六八·〇七五
雜費	一四九,六七〇·〇〇〇金鎊	〇·一五〇金鎊	二二,四五〇·五〇〇金鎊	四九,〇〇三·七六七
賠本總數	四五〇,〇〇〇,〇〇〇兩	本息總數		九二三,〇六四,〇七四·〇〇〇兩

依辛丑和約。改定稅則之規定。於一九〇二年。改訂進口稅則十七款。凡六八

第二次修改稅則

稅率不滿值百抽三

二種。附訂通商進口稅則章程之款。是爲第二次修改稅。則此項稅則。名爲切實之値百抽五。但以改從價稅爲從量稅。而又限以一八九七年至一八九九年三年間平均物價爲稅則貨價之標準。與實施稅則之時。相距業已數年。貨價多漲。是實際上當時已不足値百抽五。況世界貨物日趨騰貴。當時又未能保留隨時改算之權。仍沿十年改訂之案。時移歲異。徒有値百抽五之名。實且有不滿値百抽三者。惟化多種進口之無稅品爲有稅品。確補莫大之罅漏。是此項稅則之改訂。不過比較的改良而已。

其通商進口稅則善後章程三款要旨如左。

一、凡洋貨有爲進口稅則所未載者。均按値百抽五之例完稅。惟估値須平允。(附估價辦法五則)

一、凡外國運來之米、雜粮、金銀及錢幣、書籍、報紙等。均准免稅。惟載上項免稅貨物之船隻。仍應完納噸稅。凡油煤等燃料。進口納稅後。如實爲外商

外人私販軍火藉以漁利

日本以武力取得俄在南滿全部權利

中日東三省事宜條約

自用。轉運下船。海關照存票。將完稅發還。

一・凡食鹽不准販運進口。軍火、槍械、等物。祗可由華官自行販運進口。或華商奉有明文。亦准放行。私運充公。

上約於販運軍火。規定明瞭。原由外人欲防止民衆排外之自動議案。然而迄於今日。外人之私販軍火幾於隨地有之初不問有無條約也。其助長內爭藉圖要挾乘機漁利之心可以見矣。

因庚子聯軍之禍而發生他國間之國際問題者爲日俄爭奪滿州利益之衝突。光緒三十年（一九〇四年）日俄兩國國交破裂。遼東一帶均成戰場我國無力干涉嚴守中立翌年。俄國戰敗戰事終局日俄媾和日本取得俄國在南滿之全部權利旋派全權大使小村壽太郎與我國協議滿洲事件締結中日東三省事宜正約三款訂明日本承繼俄國允讓之一切權利附約十二款除撤兵、築路、採木、諸款外。其涉及關稅之三款。錄之於次。

增開十五處商埠

滿韓交界陸路通商互照待最優國辦理

中俄北滿關稅章程

交界百里內各車站免稅

北滿鐵路減稅界限

一·中國允於日俄軍隊撤退後。即將下列各處開爲商埠。【奉天省】鳳凰城、遼陽、新民屯、鐵嶺、通江子、法門庫、【吉林省】長春、吉林省城、哈爾濱、寧古塔、琿春、三姓、【黑龍江省】齊齊哈爾、海拉爾、愛琿、滿洲里。（第一款）

一·中國政府允南滿鐵路所需各項材料。豁免一切稅捐釐金。（第八款）

一·滿韓交界陸路通商。彼此按照相待最優國之例辦理。

因日俄勢力範圍伸縮之故。嗣又先後與俄日兩國協定南北滿洲鐵路特惠之關稅。於光緒三十三年五月二十八日（一九〇七年七月八日）訂立中俄北滿洲關稅章程四款。如次。

一·兩國邊界貿易在百里內均不納稅。原載在俄國陸路通商章程。而東省鐵路合同訂明鐵路交界處。由中國設立稅關。茲中國允准所有貨物。由鐵路運往交界百里內之各車站。暫照約章不徵稅項。

一·鐵路運貨按三分減一納稅。應定界限。哈爾濱總車站四面各距十華里爲界。鐵路重要各站。如齊齊哈爾等十四站。四面各距五華里爲界。其餘各小車站。四面各距三華里爲界。惟滿洲里及交界站(即綏芬河)歸入百里邊界之例辦理。其貨物運出以上所指各地段。及所定各界線以外。均屬內地。應補足正稅。並按照運貨入內地章程辦理。

各國貨物同沾減稅利益

一·鐵路運貨三分減一納稅。此係中俄特訂之合同。中國允除俄貨外。各國貨物亦一體均沾。

一·所議條欵。係屬大概。作爲北滿洲稅關試辦章程。如有應行增改之處。一年後再行相商釐定。至稅關詳細章程。與應劃定界限。並指定小車站處所。即由兩國速行商定。

中日滿韓國境通車章程

上約有速訂詳細章程之語。考諸約章。未見紀載。惟有付之闕如。至宣統三年九月初九日(一九一一年)中國與日本締結中日滿韓鐵路國境通車章程六欵。錄之於次。

一・運軍用製造機器及建築物料。應臨時商酌減價。

一・運軍用槍砲子彈、餉械、及兵士軍服馬匹等。均減收半價。

一・運解中國犯人及護送人經過該路。應減收半價。

一・各學堂學生年假暑假及旅行來往該路。應減收半價。

一・遇有官家招募苦工經過該路。臨時商酌減價。

一・運地方公益慈善需用物品及賑糧災民等。該路願隨時酌量減免。

是不過一減稅之章程而已。此外南北滿洲之關稅詳情。未及深考也。

第六節　英美日葡新約與裁厘加稅

各國本辛丑和約。凡通商事務。應行改訂之處。均得議商之規定。相繼要求。改訂新約。英公使馬凱。首先開送商約二十四款。意在豁除厘金開放內地商務。時清廷所派議約全權。為呂海寰、盛宣懷、會同張之洞等辦理。見英使所索。無一非損我國權者。嚴詞駁拒。並以裁厘必先加稅為爭。文電交馳、往復磋商。凡六十餘次之多。歷八閱月之久。始增削爲十六款。其第八款於裁厘加稅辦法規定綦詳。此中英通商新約即著名之馬凱條約。遂於一九〇三年成立。後復依據英約先。後與美國訂新約十七款。與日本訂新約十三款。與葡國訂新約二十款。後與德國協議。不妥中輟。裁厘加稅一事因列國未能同意。迄未實行。茲爲便於參閱。將四國條約各款主旨表列於次。

美日葡三約之條款

英美日葡四約主旨

	英約	美約	日本約	葡約
一	存票抵稅	駐使體制	加稅免厘	舊約照章遵守
二	統一幣制	領事權限	川江設拖攬	加增稅則
三	廣東民船與輪船納稅一律	口岸利益	內港行輪	收澳門洋藥稅
四	華洋合股	加稅免厘	中日合資	澳門緝私
五	整頓珠江川江	稅則附表	保護商牌版權	推廣西江各口及廣州府各埠行輪
六	推廣關棧	推廣關棧	統一幣制	葡酒無執照不得照稅則納稅

七	保護商標	振興礦務	整飭度量權衡	通商口岸居住貿易
八	加稅免厘	存票抵稅	修補內港行輪章程	華人入葡籍須定專律
九	振興礦務	保護商標	利益均沾	加稅免厘
十	增開口岸	創製專照	增開商埠	存票抵稅
十一	禁嗎啡鴉片	保護版權	改良司法交還治外法權	統一幣制
十二	改良司法交還治外法權	內港行輪奉天安東開埠	約文以英文爲準	禁嗎啡鴉片
十三	籌議教案	輯睦教民	互換日期	振興礦務
十四	穀米禁令	統一幣制		華葡合資
十五	修改稅則年限	改良司法交還治外法權		保護貨牌及創藝執照
十六	約文以英文爲憑	禁嗎啡鴉片		改良司法
十七		修約互換期限		籌安教民
十八				條約年限

十九　本約以英文爲準
二十　在北京互換

上列四國條款關於關稅方面不同各欵分別節錄於次

英約

存票改歸海關發給

一．存票前由監督管理。常有延擱。茲改歸海關發給。除抵進出口稅外。不得用抵子口稅。洋貨輸入三年內再運出者。海關照存票發還現銀。（第一款）

一．中國設法統一國幣。以便英商完納稅課。（第二款）

一．香港往來廣東各通商口岸之帆船。納稅不得少於輪船所載相同貨物之稅。（第三欵）

一．中國於兩年內。開通珠江航路。整頓廣州口岸泊船碼頭工程。由海關辦理。經費由起卸貨物抽捐。川江未整頓前。准英商自行設備拖攬。由海關

酌設燈塔浮標。(第五款)

一．在通商口岸多設關棧。以便屯積。洋貨及拆包改裝。俟出棧始納稅課。英官所請將英商棧改關棧。由海關查核辦理。(第六款)

一．爲保英商貿易商標。南北各設商標局一處。歸海關管理。(第七款)

增開十處商埠

一．增開江門爲商埠。廣東省之白土口、羅定口、都城、作爲暫行停泊上下客貨之處。客哥、馬寧、九江、古勞、永安、後瀝、祿先、悅城、陸都、封川、等十處。作爲上下搭客之處。並改訂內港行輪章程。(第十款)

一．英商協助中國改良司法。俟查悉皆臻妥善後。英國即放棄治外法權。(第十二款)

一．新定稅則。若欲修改。仍以十年爲限。(第十五款)

裁釐加稅辦法及其附帶條件

一．中國知紛紛抽收厘金。有礙商務。允於銷塲稅外。盡行裁廢。英國允許英商之進出口貨。除原有正稅外。加完一稅。以資彌補。惟撤裁厘卡。不得更

現有常關不與裁釐併論

陸路邊界照海運一律徵收

名復設。加抽之進口稅。不得過正稅一倍半。出口稅。不得過值百抽七・五。詳訂辦法十六節如下。

(一)裁撤厘卡。惟沿江沿海、通商口岸。並內地之水道陸路。或邊界現有各常關。不在此例。

(二)洋貨進口。切實值百抽五。再加一倍半之數。凡陸路邊界。運中國內地之貨。與海運貨物一律徵收。

(三)常關併可添設。亦可酌改地址。

(四)鴉片稅照現行各約辦理。

(五)土產鴉片統捐。

(六)鹽釐改爲鹽稅。

(七)出口稅則。重新修改。出口貨可加抽正稅之半。惟絲觔出口。正稅不得逾值百抽五。并可在內地第一常關。先徵一半。

不出口貨物徵收銷場稅

機器紡織棉紗棉布徵出產稅

增開五處商埠

(八)不出口之貨物。徵一銷場稅。

(九)用機器紡織之棉紗、棉布。徵一出產稅。其數倍於進口正稅。

(十)每省派員監察常關銷場稅。鹽務、及土產、鴉片、徵收事宜。

(十一)會查各地關卡需索留難情事。

(十二)長沙、萬縣、安慶、江門、惠州、開爲商埠。

(十三)按十四節所載明者。若能照辦。方履行此款辦法。

(十四)各國亦須立約。照英商完納加增各稅。惟不得要求政治上。或獨佔商務之利權。

(十五)須各國同意照辦。此款始得舉辦。

(十六)此項條款。須以降諭旨佈告。

(以上均第四款)

下列美日葡三國條款。除裁厘加稅一項外。與英約所有各款。大同小異者，均

增開二處商埠

美國取得商埠工商業製造權

不再錄。

美約

一・美國人民、准在中國已開或日後增開各商埠及通商地方。辦理工商各業製造等事。(第三款)

一・增開奉天、安東二處爲商埠。(第十二款)

一・中國知於轉運貨物時。紛紛抽稅。有礙商務。允將全國向抽之厘金。以及各項行貨稅捐。概行裁去。並將征收局卡撤銷。不再改名。或藉詞復行設立。

美國允許美商運進口洋貨及出口。或運往通商他口之土貨。除原有稅則。應納正稅外。加完一稅。爲補償訂明進口加抽之稅。不得過原定正稅一倍半。出口加稅。不得過値百抽七・五。上列兩稅。一經完納之貨物。無論在華人或洋商之手。概免重征別項捐稅。及查驗留難情事。

凡在沿海及設有海關之通商處所。并在十九省及東三省。中國沿陸邊界現有各常關。仍舊設立。日後海關。不論設在何處。均可設立常關。并可於沿海陸邊界。酌量增設。
中國可將出口稅則。以値百切實抽五之例。重新修改。凡能改者。即當定爲各該貨按包完稅銀幾何。如欲加抽。須先六個月通知方可。現行稅則。有逾估價値百抽五者。亦須裁減。但因撤厘金及內地各項行貨稅捐之故。得照上訂加稅辦法。加稅抵償。(以上第四款)

日約

一·中國現因釐革財政。擬加徵關稅。以補裁厘經收之欵。日本承認按照中國與有約各國共同商定加稅之率。一律照輸。所有中國征收土產銷塲出廠以及土產鴉片、鹽觔等稅。亦悉照各國與中國商定辦法。惟日本商務權利。較諸他國。不得稍有軒輊。(第一欵)

開闢北京為商場

一・中國允俟各國駐直隸兵隊撤退後。自行開闢北京為商場。幷增開長沙、奉天、大東溝、三處為商埠。(第十款)

一・允許日商在川口設施拖攬及便於行船事務。(第二款)

葡約

一・辛丑和約所定加增進口稅則。葡國茲允遵照辦理。但別國所享最優利益。葡國亦應一體均沾。葡商完稅。始終不得較任何國商民稍有增減。(第一款)

一・葡國協助中國徵收澳門運出之鴉片稅厘。幷防止私運。(第四款)

一・葡萄牙酒。如無該國執照。不得享有稅則上利益。照章完納。(第六款)

一・中國現因厘革財政。擬將所征海陸各關之正稅外。另添加稅。以補全行裁厘經收之款。葡國允凡本國商民。運進中國之洋貨照此次改訂之進口稅則。加一倍半納稅。所有中國土產。運往外洋之出口稅。增加不得過

英日既得諸般利益遂無履行加稅誠意

値百抽七・五之外。并聲明中國須與有約各國。共同商定加稅之率。一律照輸無異。所有征收出產、銷塲出廠。以及土產鴉片、鹽觔、等稅。亦悉照各國商辦法。并不得因此葡國商務利權。較他國稍有軒輊。(第九欵)

以上四約。雖條欵間有不同。於裁厘加稅辦法均極明晰。嗣以其他諸國。未能協定。遂行擱置。一九〇八年。外務部曾向各使提議。英日二使。均藉辭本國政府。以中國政府於條約上應盡義務。如商標保護。統一幣制等。未完全履行。此約自難商辦。其時中國於商埠行船。種種均已如約。英日既得諸般利益遂無履行加稅之意矣。

第七節　租借地之特殊關稅制度

庚子之役。既終中國所有重要利源分割淨盡。一如積弱病夫。僅有呻吟聲息矣。道光以來。關稅受條約上、賠欵上、外債上、萬千束縛。業已以次臚述。惟與租借地之關係。未遑詳論也。緣中日戰爭後。日本在中國之勢力大增。地理上又處優

德國藉口山東教案占領膠州灣

中德膠澳租界條約

俄國藉德爲口實占領旅順口

中俄旅大租借條約

遼東半島入於俄國勢力範圍

勝之位置各國爲保持其在中國利益計競謀取得一良好港灣以爲根據地光緒二十三年十月(一八九七年十一月)德國藉口山東曹州暴民殺害宣教師案命海軍進逼膠州灣占領青島砲臺幷膠州府城向總理衙門要求劃爲租借地於二十四年二月十四日(一八九八年三月六日)訂中德膠澳租界條約三章凡十款租借期九十九年並將山東全省劃入德國之勢力範圍俄國藉德占膠州灣爲口實於二十三年十一月二十五日命艦隊入據旅順口即以保護俄國在滿洲利益爲詞要求租借大連旅順二港於二十四年三月初六日(一八九八年三月二十五日)訂中俄旅大租地條約九款租借期二十五年開大連爲自由港並獲自哈爾濱至旅大與自牛莊沿海濱至鴨綠江之鐵道敷設權旋又訂立續約六款遼東半島遂完全入於俄國勢力範圍嗣又兩國會勘租借地界於二十五年三月二十八日(一八九九年四月二十五日)訂中俄勘分旅大租界專條又遼東半島俄界專條及附條更於是年八月將遼東租借地改稱關

俄國將遼東租借地改爲關東省

英國乘機展拓香港界址又要求租借威海衛

中英威海衛專條

法國要求租廣州灣

中法廣州灣租界條約

美國以超然地位宣言開放中國門戶

東省並設置總督治理之俄國侵略南滿洲至是大功告成矣英國乘機要求展拓香港界址於二十四年四月二十一日訂中英展拓香港界址專條嗣又藉俄租旅大爲詞亦要求租威海衛以爲抵制而保衛其東方商務清廷無力相拒於同年五月十三日(一八九八年七月一日)訂中英威海衛專條租期二十五年復於次年二月初八日(一八九九年三月十九日)訂香港英新租界合同英國至是在中國南北均據一良好之港灣矣法國於俄旅順時即已提出租借廣州灣之要求延未解決二十五年廣州灣附近忽有殺害法人案件發生法海軍遂長驅直入迫於是年十月十四日(一八九九年十一月十六日)訂中法廣州灣租界條約租期九十九年時意大利亦有租借三門灣之要求清廷未之許各國之競劃勢力範圍幾成十九世紀初葉列強瓜分阿非利加洲之形勢各國間利益之衝突尤危機四伏惟美國迄未加入旋渦之中爲保持世界和平及本國在遠東利益乃以超然第三者之地位發出開放中國門戶之宣言并命本國駐英、

列强對華局勢一變

德國將青島關爲自由港首創特殊制度

中德會訂青島設關辦法

德、俄、法、意、日六國公使。先後與駐在國政府。交涉各國。均先後覆書贊同美國。乃於光緒二十六年二月（一九〇〇年三月）向各國發出『各國贊同美國之提議。本問題確定』之通告。於是列強對中國競相徵逐之形勢。一變而成機會均等。利益均霑之局面矣。

租界地之特殊關稅制度。青島海關實創其端。當德國租借膠州灣時。初擬設立本國海關。終決定爲自由港。然鑒於香港、澳門、自由港秘輸之弊害。爲謀中德兩國利益之調和起見。駐京德使海靜因與總稅務司赫德。於光緒二十五年三月初八日（一八九九年四月十九日）訂立中德會訂青島設關辦法二十款。茲錄於次。

一・青島所設海關。應於各稅務司中揀德國人派充。該關稅務司。倘有時應行更調。則由總稅務司與德國駐京大臣定明另派。

一・該關所用各項洋員。原宜選派德國人。惟或因未能預定。倉猝缺出。更調不及。或因別關人地相需。必須調往。則青島海關未便懸缺久待。卽可調派別國之人暫行委用。

一・該關洋員。如應更調。總稅務司亦應先行知會膠州巡撫。惟在關華人不在此例。

一・該關與德國官員暨德國商民等文函往來。均用德文。他國商民寓居青島者。均准用本國文字。以便交易。或用漢文來往亦可。

一・凡有貨物由海路運進青島口岸。均不徵完進口稅餉。若貨物由海路運進青島口岸。均不徵完進口稅餉。若貨物由膠州界口運赴中國內地。即由青島海關照約徵收進口稅。惟各貨未領有青島海關准單。不准運出膠州界外。該處駐紮德員。現允酌定防範之法。以助該處嚴杜弊端。

一・凡中國土貨。由內地運進膠州之德租界內。若再裝船運往他處。即由青島海關照約徵出口正稅。惟德租界內所產之土貨。並界內土產及由海路運來之物料製成各貨。其出口時。無庸完納出口稅餉。至中國內地各物運入德國租界內製成各貨。其徵稅章程嗣後酌議訂辦。

一・中國土貨由中國通商口岸運進青島。若留於界內不再運出者。無庸完稅。若過界運往內地。即須按照條約稅則。在青島完納稅餉。

一・中國貨物在青島完納出口正稅。報運他口。准領完稅憑據。俟進通商他口。將憑據赴關呈驗。即照現行條約稅則完納復進口半稅。

一・洋貨在通商口岸已完進口正稅。復欲裝船報運青島者。准照咸豐十一年所立德國條約第二十六條之辦法辦理。即係准赴關請收所完之進口正稅。發給存票。該貨運進青島若不出德國租界。即不徵收。如再出口運往外洋。亦不徵出口稅餉。

一・凡中國土貨由通商口岸運進青島。若呈有在原口完過出口正稅憑據。復裝船運往外洋。即無庸納出口正稅。

一·所有收支船鈔。暨泊船規費一切事宜。青島海關毋庸經理。
一·青島海關徵收稅餉。卽照現時通商各口之稅則辦理。
一·凡洋土各藥運進青島。由該處海關照通商各口辦法。一律徵收各項稅厘。其在德國租界內所銷用者。卽由海關代德國徵收稅厘。酌核屆期照數撥交。
一·德國允於膠州界內青島地方指定處所。足爲中國建立海關暨蓋造各員住屋之需。其置價或租費。須在該處公同酌議訂辦。
一·所有偕同聽審暨幇同料理案件一切事宜。德國允不派海關人員充當。
一·凡民船駛進膠州灣之青島或所屬別處地方。該船並所運貨物應完之各項稅厘規費等類。均歸海關徵收。惟各款數目不得過該處向來所徵之數。且嗣後若在山東他口所徵數目。較膠州灣所徵之數減少。則膠州灣亦一律照減。以昭平允。

一．凡在膠州德國租界內欲領運貨進出內地之憑單者。祇須赴青島海關請領。其通商口岸監督關道所有之職分權柄青島海關均與一律無異。

一．所有出入內地之子口稅應由青島海關按照現行之條約稅則徵收。即進出口正稅之半。

一．稽查走私偷漏暨違犯關章等事之辦法。嗣後酌核另訂惟所有掌握查訊之大權。自歸德國所設之衙署。

一．嗣後膠州商務擴充其情形或致改變彼此認明此次所訂爲試行之辦法。若遇有窒礙之處。可隨時酌量修改以期美善。

觀上約第一欵與第三欵。關員以全體任用德人爲原則第五款與第七款。爲進口稅之規定凡運入青島而在租借地內銷售之貨物概不徵稅由租借地輸入中國內地之洋貨課進口稅若係中國貨則課沿岸移入稅第六欵。爲出口稅之規定凡由青島輸出之洋貨及租借地內之製造品與生產品概不徵稅但由

青島海關制度特點

內地運經租借地而出口之貨物則課出口稅第九款與第十款爲由通商他口輸出於青島貨稅之規定如爲洋貨則發給存票如爲土貨則課出口稅第八款。爲由青島輸入通商他口貨稅之規定如爲洋貨、與租借地之生產品、及製造品均課進口稅如爲內地運經大連而輸入之土貨則課沿岸移入稅第十三款。爲鴉片徵稅與他口同惟在租界銷用者之一部稅釐須照數撥交德國第十六款。爲青島與沿岸或內地間之帆船貿易亦歸青島海關管理第十九款。爲稽查偷漏違章訊辦之權屬於德國官署以上諸款。對於關稅上之束縛。可謂嚴密。亦開關稅制度之新例也。青島自設關後。貿易日益發達。各口間及內河輪船。亦日有增。總稅務司赫德。因與駐京德公使穆默。於光緒三十年三月初二日。（一九〇四年四月十八日）議訂青島設關徵稅辦法續立附件六款。（即內港行輪章程）茲節錄於次。

青島內港行輪章程

一．青島海關有發給內河行輪專照之權。凡有輪船准其駛赴內港來往。一切規條。按前訂各次內港行輪章程駛行。幷此次定章辦理。

一．輪船欲在內港行駛。無論華洋船隻。應將本國牌照函呈稅務司收存。換領關牌。納費關平銀十兩。一年爲限。每年換領新牌。納費二兩。並應每四個月納鈔一次。

一．此項輪船准在青島與內地或他口間行駛。並准報明內地關卡。逢關納稅。遇卡抽釐。即可在沿途所經貿易各埠上下客貨。但非奉中國政府允准。不得在不通商口岸之內地往來。

一．此項輪船出入青島時。須報關請領各單。將出口入口貨物之艙口單呈驗。來往所至地點。均須聲明。仍須照例完納稅鈔。至鴉片及他違禁品。不准運入或運出。倘查有私運情事。將貨入官。並罰該船洋伍百元。若再犯即將關牌撤銷。

一．此項輪船應代中國運送郵袋。不收運費。該關郵政司應辦一切事宜。或

德國將青島改為自由區制度

青島設關徵稅修改辦法

自辦或會同德郵員議辦均可。

一・防範偷漏事宜。德國自可襄辦。其巡緝鴉片及別項違禁物。尤應襄助辦理。至郵政按章推廣一切。德國允以格外相助。不加阻攔。

上項章程。規定亦極精密。惟德人以青島設關徵稅辦法。係採自由港主義租借地內消費人之利益雖得充分之保護然不適於促進租借地內工業之發展尤以租借地之政廳不能均霑因租借地經濟發展而增加稅收之利益因拋棄自由港制度而採行自由區制度即將租借地全部為無稅區域之制度改為在租借地內劃一部分地方為無稅區域之制度也向我國提議修改辦法我國亦以租借地全部均屬無稅區域又不能設立境界稅關秘密輸運無法防止不能保護稅收故總稅務司赫德與德公使穆默於光緒三十一年十一月初五日。（一九〇五年十月二日）議訂青島設關徵稅修改辦法八款茲照錄於次。

一・由青島德員在租界內劃定無稅之地一區。俟劃定後。除此無稅區地外。應由在租界內中國所設之海關。徵收各色貨物稅項。並由中國按膠海關進口正稅實數。每年提撥二成。交與青島法官。作為中國政府津貼青島租地之用。此二成津貼之數。現訂試辦五年。應於每結底後劃撥。倘於此二成津貼辦法彼此或有商酌之處。應於第五年正月以前。聲明改訂。以便從容酌辦。

一・在青島劃定無稅之區地。應設於停泊船隻之正灣一旁。由德政府或照此時擬訂局面。或日後若有因整頓碼頭等項工程。須與此劃定無稅之區地。一同開拓之處。應與海關一切公務無礙。

一・凡在海關稅則免稅之貨物。在青島租界一同照免。其續行免稅之物列後。

甲・為軍營需用之物。即如各色軍械號衣等項。雖由水陸武員運到。總應持有該政府所發之憑據。方能照免。又如軍用物料及各色食品。亦應一律照辦。

乙・凡需用各物。尚有數種免稅者。即如機器並機器廠之全副配件。以及機器各分件製造廠所用之傢具機料。暨各種農器與建蓋衙署以及各等工程之木料器具。運到時。亟應來關呈交保結。填註該貨價值。並須擔保確係租界內應用之物。方能照免。嗣後若有運入中國地界之處。應報關完一進口正稅。否則按保結上所註之情節。照應完稅數兩倍照罰入關。

丙・凡某件機件。即如車輛並運物之器機等項。只因有修理之處。出入無稅之區地。即准免稅。惟過出入無稅區地之時。均應報明。以便關員稽查。

丁・凡有運入租界之郵政包裹。若係界內住戶自用之物。倘按照該包隨單上所注之情形。應完稅不過一元者。(即係估值銀二十元之數)即應免稅。但若欲隨時查考之處。先由海關啓驗。

戊・凡來往搭客携帶之行李。若物主聲報確無應行納稅之件。亦無違禁之物。即准免稅。雖海關不行逐次查驗。但遇有另外之情節。仍可照例查察。

一・前會訂青島徵稅辦法。第五七九三條。專指徵收進口稅項。現將從前青島口岸概行免稅之法。改爲過租界限內另行擇地一區。作爲無稅之地。其餘均行起徵。惟嗣後完納進口正稅。隨時之辦法有二。一係若將貨物運入無稅之區地。應俟出此區時。方行完稅。一係貨物非運入此無稅之區地。因欲運往區地限外起岸。則須在未經起岸以前。先行完稅。凡貨一經完清稅項後。聽由貨主自便。關員即不過問。是時既有以上所定。由中國在德國租界內徵稅之妥善辦法。或於稅界邊限左近。除稽查往來華式船隻各卡外。自毋庸設立關卡。至嗣後應否設立之處。暫行緩議。

一・凡在德國租界無稅區地外。設立製造廠所製成之各貨。應由中德兩面設法。於此等貨物不必較無稅區地所出各貨。因徵稅受有虧損。其租界內之製造廠。所用散碎物料。因工作成物後。其價自較原料增加。茲因其增加若干之數。照德章不計在應完國課之內。是該廠製成各貨。原來所用之料件。或由內地運來。或由海路運到。出口時擬定應完稅數。不得過原運物料約定應完之稅數爲妥。由膠海關會同青島德員查看情形。訂明應否立一册。海塡註製成某貨須照某散碎物料應完稅數納稅每屆年終。若有應修改之處。即可酌定。

一．凡在通商海口貿易及行駛船隻之便益在德國租界內除照該地情勢應行改辦外。餘均視同一律。

一．凡有漏稅走私及違背海關章程等弊各案。除因無領事應由青島大憲特派委員與關員會議外。其餘均照同治七年會訊章程之意酌情訂辦。

一．以上各節。即係照原訂章程第二十條內載聲明辦法修改者。其中未經修改之處。仍照光緒二十五年三月初八日之原章辦理。

修改辦法之特點

上約第一欵。關稅領土雖得擴張於租借地內。稅收固有增加。然將歲入十分之二。提充租借地之津貼。是無異海關義務。爲德人代徵租借地之經費而已。第三款。免稅規定於歷來條約上之無稅貨物以外。凡在租借地內使用之多數進口貨。均得免稅。第五欵。規定在租界無稅區域外。設立工廠之製造品。不得較無稅區內之製造品。因徵稅受損。製造品照原料品稅率課稅。此種減稅之辦法。誠違反關稅原則之甚者。德人一意謀其租借地內工業之發展。更於光緒三十三年。特與我國議訂青島租界製成貨物徵稅新章。其規定之詳明。閱之令人咋舌也。茲照錄於次。

第一編　總章

第一款　各種貨物之納進口稅。須以臨時爲斷。或在離無稅之區地時。或非運入無稅區地。在他處起岸之前。方應完稅。該貨完稅後。更可運行銷售。即不歸海關限制。(修改章程第四條)凡由租界運往他處。於出口時須納出口稅。(會訂章程第六款)其由內地出入租界。至無稅區地之外。不在海關境界者。海關於其往來。均不稽徵稅項。租界內各產生之散碎物料。及用該物料製成之各種貨物。暨或由海路運入租界之物料製成之各貨。均不納出口稅。(會訂章程第六款)凡用物料製成之貨。當與尋常物料視同一律。惟若將該貨配用之物料。於尚未製成之先。報明於海關。方能按照尋常辦法辦理。至論納稅一節。物料製成之貨。其在無稅區地之內。與區外均當一律辦理。

第二款　凡在租界內製造之各種貨物。如運赴內地。於出境時可任由商便。納製成貨之子口稅。請領稅單。(當與後之解釋合觀)

第三款　土產之物料。或由內地或由非通商口岸之處運來租界。以供製造廠之需者。可先報明海關。呈立應稅若干之保結存儲以備嗣後徵收稅項。所有用已經報關物料製成之貨。應於出口時照其配用物料之數目納稅。海關即照數核計註銷保結之內、自立保結之日起。應於三年限內。將稅項清結。運製成之貨出口。應照則按成件納出口正稅。或照製貨配用之物料納稅。均任聽商便。若製成貨物之所用物料。或未經報明海關、或報關而未立保結。該貨經過海關於出口時。應納出口正稅。

第四款　凡由外洋或由中國通商口岸運來之物料。所納進口正稅。或復進口半稅。俟製成貨物若由海路運往他處出口時。應由海關照其所納之正半稅銀。用存票發還。但須於進口時預先報明海關。該物料確係爲製造廠之用。

第五款　租界內製成之各種貨物。由海路運往中國口岸。當至某口岸進口時。應照則完進口正稅。若欲復運入內地。可納子口稅。領有稅單。則沿途逢關過卡。即不再行重徵。

第六款　由海關會同租界管理員。當彼此商訂製成各種之貨。應核計該貨分類配用之物料若干。有一定限制。列爲冊表。若運往他處。於出口時。以便照算核減稅則應徵之出口稅數。

第七款　所有製造廠能有如上所論之利益。應由租界管理員掛號。立有冊簿。以一分交與海關。嗣後可更改增加。如有更改之處。即隨時聲報海關。

以上解釋各節。係專指製造廠所用之散碎物料。運到租界內時。己經報明海關。確係爲製造廠製貨之用。並一面隨時隨事立有保結存儲海關之辦法。

第二編　解釋

第一條　外洋所產之物料運至租界內。或係由外洋逕運。或係由外洋經中國通商口岸轉運。

一·如製成之貨若運往外洋。

一·已納之稅應發還。

一·如製成之貨若運往中國通商口岸。應發還所納之進口正稅。在通商口岸時。其貨應徵何稅如下。

一·該貨到口岸進口時。應照稅則所載同貨由外洋逕運而來者。一律徵稅。

一·該貨若入內地。亦可納子口稅。領有稅單。則沿途逢關遇卡。即不再行重徵。

一·如製成之貨若由水路運往各處。欲照內港行輪章程辦理。其所徵之稅如下。

一·該貨比照同類非由租界內之製造廠製成之貨。欲復運入內地。於起程時。或沿途、或抵境、徵收各等應完稅釐。與同運同類製成之貨一律輸納。

一・然該貨如按照成件完清值百抽二・五之子口稅項。領有入內地之稅單。則沿途逢關遇卡。即不再行重徵。

一・如製成之貨若離租界由陸路運入內地。應如何對待。

一・照內港行輪章程待同一律。

第二條　由中國通商口岸運來土產之物料。

一・如製成之貨若運往外洋。

一・已納之復進口稅應發還。

一・如製成之貨若運往中國通商口岸。

一・應予以復進口稅之免重徵執照。按照該貨配用之物料數目核計。以便持至通商口岸。免徵稅項。此後即視同中國土貨。不能享洋貨入內地之利益。然亦可任聽商便如下辦理。

一・將復進口稅項若干發還後。所至之通商口岸。應照製成之洋貨同類。照則納進口正稅。若欲復運入內地。可如下辦理。

一・該貨如完清值百抽二・五之子口稅項。領有入內地之稅單。則沿途逢關遇卡。即不再行重徵。

一•如製成之貨。若由水路運往各處。欲照內港行輪章程辦理。其所征之稅如下。

一•該貨比照同類非由租界內之製造廠製成之貨。欲入內地於啓程時。或沿途、或抵境、征收各等應完稅厘與同運同類製成之貨一律輸納。

一•然該貨如按照同運同類製成之貨。完清值百抽二•五之子口稅項。領有入內地之稅單。則沿途逢關過卡。即不再行重徵。

一•如製成之貨離租界。若由陸路運入內地。應如何對待。

一•照內港行輪章程待同一律。

第三條　土產之物料。若按照內港行輪章程運來者。

一•如製成之貨若運往外洋。須在海關完納出口正稅。

一•該出口正稅可任聽商便。按照該貨配用之物料核計。

一•亦可任便按照製成之貨完納正稅。即將貨內配用之物料核計數目。註銷保結之內。

一•如製成之貨若運往中國通商口岸時。可任聽商便在海關照則完納出口正稅。或照製貨之物料核計。或照製成之貨核計。

一•若照製貨之物料核計。於運至通商口岸時。再納復進口半稅。嗣後即視同中國土貨。

一•若按照製成之貨核計。給予免重徵執照。以便持至通商口岸、時。同洋貨一律免徵稅項。

一•該貨如另行完清值百抽二•五之子口稅項。領有入內地之稅單。則沿途逢關過卡。即不再行重徵。

一•如製成之貨。若欲按照內港行輪章程。離租界時。應在海關照則完納復進口半稅。

一•此半稅可任聽商便。按照該貨配用之物料核計。

一•亦可任便按照製成之貨核計。

一•該貨比照同類非由租界內之製造廠製成之貨。欲入內地或沿途、或抵境、徵收各等應完稅釐。與同運同類製成之貨一律輸納。

一•然該貨如按照同運同類製成之貨。完清值百抽二•五之子口稅項。領有入內地之稅單。則沿途逢關過卡。即不再行重徵。

一•如製成之貨。若由陸路運入內地。應如何對待。

一•照內港行輪章程待同一律。

第四條　由內地陸路運來土產之物料。

一•如製成之貨。若運往外洋。應照該貨配用之物料核計數目。註銷保結之內。其在海關應完之稅項辦法如下。

一．可任聽商便按照該貨配用之物料納出口正稅。

一．亦可任便按照製成之同類各貨納出口正稅。

一．如製成之貨運往中國通商口岸出口時。可任聽商便在海關照則完納出口正稅。或照製貨之物料核計。或照製成之貨核計。

一．若照製貨之物料核計。於運至中國通商口岸時。再納復進口半稅。嗣後即視同中國土貨。

一．若按製成之貨核計。給予免重徵執照、以便持至通商口岸時。同洋貨一律免徵稅項。

一．該貨如另行完清值百抽二．五之子口稅項。領有入內地之稅單。則沿途逢關過卡。即不再行重徵。

一．如製成之貨。若欲照內港行輪章程離租界。應在海關照則完納復進口半稅。

一．此半稅可任聽商便。按照該貨配用之物料核計。

一．亦可任便按照製成之貨核計。此後即照同運同類製成之貨情形一律者。徵收沿途稅釐。然若領有入內地之稅單。則沿途逢關過卡。不再重徵。此項稅單由租界之海關發給。

一．當發給稅單時。該貨按照製成之貨。估計應完值百抽二．五之子口稅。

一•以上所論已經報明海關之製貨所用各種散碎物料。若離租界時。或仍係原來未製貨之物料。或係已製成貨物。如欲由陸路復運入中國內地。應與同運同類之中國土貨一律看待。即照徵沿途抵境各項稅釐。

青島租借地製造品權利之超特

上項章程。規定租借地製造品之減稅與免稅。其權利之超特。分晰之可別爲五項。(一)租借地內之生產物與用生產品爲原料之製造品。免納出口稅。(二)租借地內之製造品納一子口稅。即得輸入於中國內地。(三)製品係用內地移入租借地之原料製成者。出口時即依該項原料之稅率課稅。(四)用中國內地或外國原料製成之物品。於再出口時。稅關應退還其已納之進口稅或移入稅。(五)租借地製造品使用之原料。其課稅上之比例。由海關商同青島政廳規定之。外人得在通商口岸設立工廠。中國已蒙害甚鉅。今德人更得此項章程之保護。稅收上更受莫大之損失矣。

青島而外。租借地與關稅有密切關係者爲大連。大連自成爲俄國租借地後。

日本將大連關爲自由港採用青島海關舊制

中日大連設關徵稅辦法

大連海關試辦章程

日本占領膠州灣青島海關停頓

雖訂有關稅之協定迄未實行日俄之戰日本戰勝俄國取得遼東半島之租借權將大連關爲自由港不依照中國關稅協定而採用青島之海關制度惟所用者爲光緒二十五年所訂之舊制。蓋以日本處地理上之形勝。利用大連之爲自由港取其轉運與貯存貨物之便利耳。光緒三十三年四月十九日。（一九〇七年五月三十日）日本公使林權助。與總稅務司赫德。訂立中日大連設關徵稅辦法十八款又附件。內港行輪。章程七款均與前青島所訂同茲不贅錄其後於同年七月復訂大連海關試辦章程二十六欵即依前訂辦法規定者惟解釋較爲詳明而已。

此外之租借地。如廣州灣、威海衛、九龍。均與關稅之關係甚簡以英法對以上諸地幾完全視爲本國之領土不與中國成立關稅協定也故中國對之惟取關稅線包圍之方法但此種方法所耗徵稅之經費極鉅殊無成績可言也

青島海關。至民國三年。（一九一四年）歐戰發生日本參戰占領膠州灣遂行

日本繼承中德協定復行設關

停頓。其翌年八月。由日使日置益與總稅務司安格聯締結復設協約。中德間關於青島海關之協定。遂由日本完全繼承。即於九月間復行設關徵稅。及至中國收回青島。此種特殊制度。遂亦隨之消滅。故今日租借地之有特殊關稅協約者。唯大連一埠矣。

第八節　清末之海關行政

稅務處成立及職掌

自光緒二十七年（一九〇一年）至宣統三年（一九一一年）十年間。中國與各國之間。雖無兵戎相見。然以國帑空虛。凡百設施。多仰賴於外人者。且以數次外交關係。處罰官吏之影響。官吏對外人畏葸日甚。各國得以盡力擴張內地事業。毫無顧忌。此最後末運之滿清政府。因備嘗利權外溢之痛苦。思有所振拔。光緒三十二年（一九〇六年）對於海關管理之着手。新設稅務處。派戶部尚書鐵良。督辦稅務大臣。外務部右侍郎唐紹儀。充會辦稅務大臣。所有各海關所用華洋人員。統歸管轄。移轄舊日直隸外務部之海關於稅務處。此舉本爲中國自

創設稅務學堂

條約上海關之行政範圍

事實上海關兼理之事件

有權衡然各國竟大肆反對英國首先提出抗議清廷不得已向英公使申明稅務處之設立不過統轄關係之變更於海關內部組織毫不變動始得無事同時並設立稅務學堂以造就本國之海關人才其時清廷政府不能謂爲無意振刷以圖富強之意惟自借款賠款訂明以關稅爲担保以後海關行政在國法上雖爲中國政府行政機關之一而在事實上則構成國際公共管理之機關若就條約上之行政範圍而論咸豐八年（一八五八年）中英通商章程第十條（原文見上）之規定可分五項如下（一）管理海關收入（二）防止秘密輸入（三）港務行政（四）安置燈台浮標等（五）收支噸稅嗣後更有多種附帶之事件歸由海關兼理茲舉列於次。

一・領港業者之取締。

二・裁判關於關稅之紛議與違反稅則。

三・無條約國人民及無領事國人民船舶出入之時稅關並爲準領事之事

務。

四・對於香港。澳門、與沿岸各地間之帆船貿易徵課進出口稅及厘金稅。

五・管理全國各商埠周圍五十里內之常關。

六・部務之管理。

七・驗疫事務及裝載移民船舶之檢查。

八・氣象之觀測。

九・河港修築費之徵收。

十・水上警察之補助。

上列爲光緒三十三年（一九〇七年）以前。海關行政範圍。此後尙日進月新。擴大不已。淸廷亦恐外人稅權獨握故設稅務處置關監督以督察之然以英人之抗議稅務處遂等於虛設弱國之措施大都如是也試觀其時海關行政之組織外人所占之位置即知稅權喪失尾大不掉早有自來矣。

海關統轄之沿革

海關之統轄。原操諸總稅務司。而隸屬於總理衙門。光緒二十七年。（一九〇一年）因與各國締結通商條約。諸多交涉。始改隸於外務部。及稅務處設立。遂爲該處之下屬。然稅務處雖直隸於政府。固仍與外財兩部有密切之關係。按稅務處設立時海關之組織。可如下述。

海關統轄之系統

稅務督辦海關監督幾同虛設

全國海關統系最高機關。爲稅務處。設稅務督辦會辦各一人。監督全國海關行政。下設總稅務司。副稅務司各一人。總理全國海關事務。設海關監督若干人。直隸於稅務處。又設稅務司二。副稅務司若干人。隸於總稅務司。均分設於各通商口岸之海關。管理各該地海關事務。海關行政之實權在中央者爲總稅務司所掌握在地方者爲稅務司所把持。稅務督辦與海關監督不過爲例行公文之劃行而已。總稅務司設公署於北京。其組織總稅務司。副總稅務司之下。設帮辦數十名。蓋即高等之事務員也。以下則有書記長。書記員。通譯員。司計。司計員事務員。分科任事。各通商口岸監督。設監督公署於海關附近。海關則多委任稅務

海關行政之中央組織法

徵稅部之任務及華洋供職之位置

內班職掌

司。或副稅務司。爲海關長。此海關行政之主管官制也。

海關行政之中央組織。別爲徵稅、船鈔、教育、郵政、四部。茲分別述之。

一徵稅部

徵稅部管理對外貿易之進出口船隻貨物之課稅。及其他附帶事務內分內班、外班、海班、三部分。

內班 爲徵稅部之幹部。上自總稅務司。下至供事員司。均屬內班人員。其管理事務如下。(一)輸入稅。(二)輸出稅。(三)噸稅。(船鈔)(四)通過稅。(子口稅或抵代稅)(五)鴉片厘金稅。(六)沿岸貿易稅。(七)還稅。(八)特種稅。內班華洋人員之分配。觀其時之新關題名錄如左。

總稅務司 一名　副總稅務司 一名

稅務司 三十九名　副稅務司 二十五名

帮辦	超等	三十二名	頭等	三十二名
	二等	六十三名	三等	四十九名
	四等	百十名		
供事		六名	雜項	十五名
醫員		四十名		

上共洋員四百十三名

華人之屬於內班者。除二等帮辦五人。四等帮辦五人外。多爲供事以下之職。供事凡分六等。共計五百一十五名。文案一百三十四名。書辦三百三十九名。司事十五名。合計雖有一千零十三名之多。然不過供外人之頤指氣使。對於稅務。毫無建設發言之權也。

外班職掌

外班　管理各種之事務如下。(一)各種手數料。(二)關棧一般貨棧及關於附屬稅之貨棧。(三)關於船隻及貨物之檢查。(四)關於處分違犯關稅規則及其他事項。其組織之人員表列如左。

洋員	(一)總巡	超等頭等一等二等三等四等	計十五名
	(二)驗貨	頭等一等二等三等	計二百十四名
	(三)扦子手	頭等一等二等三等試用	計三百八十三名
	(四)巡役		計五十九名
	(五)雜項	例如私鹽巡役額外巡役更夫及分卡巡役	計六十八名
	上計洋員七百七十九名		
華員	(一)驗貨稱貨等		計四百五十三名
	(二)水手巡役等		計一千一百四名
	(三)聽差跟役等		計三百六十二名
	(四)轎夫更夫門役等		計五百四十四名
	(五)匠役雜差等		計五百三十七名

上計華人三千零零四名

海班　管理海關所屬之船隻。與巡船、及檢查鑑定船隻、貨物出入之一切事務。蓋專負關稅之警察事務也。所管巡船凡四十九隻。其華洋人員。表列如左。

洋員（一）管駕官五名

（二）管駕管駕副管駕二副管駕三副　計二十二名

（三）管輪管輪正管輪副管輪二副　計二十一名

（四）礟手長礟手　計三名

（五）艇長（兼外班扦子手）　計十六名

上計洋員五十一名

華員（一）水手　計四百二十六名

（二）火夫　計一百三十六名

（三）艙役　計八十一名

船鈔部之任務及其組織

上計華人六百七十名

二船鈔部

船鈔部管理進出口船隻危險預防之設備。蓋爲整頓航路之機關也。內分營造處、理船處、燈台處三部。其職員洋員百零五名。華員六百四十四名。

營造處　設有總營造司。署理營造司。副營造司。管理沿海燈台之建設。直隸於總稅務司。惟僅關係一口岸者。該地之海關長得管理之。

理船處　設巡工司。署理巡工司。副巡工司及理船廳人員。管理沿海測量工程及航海標識。監督指揮通商各口港埠之領港事務。亦直隸於總稅務司。惟僅關係一港或一地者。該地海關長。特請於總稅務司。而管理之。理船廳僅上海有之。他港均由總巡兼任。所有領港及港內船隻航行規則須經其鑒署公布。始生効力。

燈台處　管理各處燈台。燈台長均係洋員。華人任附屬之職。或小燈台長。歸總

教育部之任務

郵政部之任務

稅務司直轄。惟廈門稅務司。兼管福州、及汕頭兩處燈台。至上海、寧波附近。則因燈台太多。由巡工司直轄。

三教育部

海關教育部。爲養成辦事及交涉人才。創設於一八六二年。卽同文館也。一九〇二年。歸倂於北京大學堂。至一九〇八年。復於北京設稅關學校。以造就稅關專門人才。惟僅招官費生三十六名。以示限制。經費由海關稅項下提撥。

四郵政部

郵政爲海關附帶之事務。創於一八九七年。歸總稅司兼管。（按郵政部於一九一一年。由郵傳部收歸自辦。今隸於交通部。然實權操諸總郵務司法人之手。亦與海關行政無異矣。）

上述爲全國海關之總組織。至各地海關之分部。與職掌。則視其所轄區域之大小。事務之繁簡以爲定。歷來海關組織。最完備者莫如上海。以其地處要衝。鎖

上海海關組織最爲精密

鑰江海。且創辦最先。自昔即爲外人所措置。故組織殊爲精密也。其組織除內外海三班。造册處、巡工司五部分。茲列述之。

內班房之組織

內班房　亦稱爲普通公事房。自稅務司以下。有洋員六十名。華人二百四十名。爲海關中幹部。分十二課辦事。其職掌分述如下。

一總理事務所　總理全體之事務。有超等帮辦。若其他各分課發生特別事故。則於此課處理之。

二驗單處　檢查輸出入之貨物。適用稅率。定納稅額。及交付船鈔執照。

三進口擡　關於輸出入之報稅單。船貨申告書及轉送收付之所。內又分爲二課。(甲)外洋進口處。(乙)通商各國進口處。外洋進口處者。乃由外國各港輸入之貨物。通商各國進口處者。乃由內地各港輸入之貨物也。

四出口處及管出口貨處　關於出口一切事務。凡出口單。及再輸出申告書。皆屬於此課。

五存票處　關於還返稅務一切事項。

六結關處　關於船隻之出港一切手續。

七管內地單處　即掌開港地與不開港地之通過貨物也。

八管洋藥及關棧事務所　關於鴉片之輸入及再輸出之事。並保稅倉庫之一切管理。

九錯單擡　凡各種報稅單之不完全者皆送回此課。由此課告諸報稅者。加以訂證。

十派司處　派司爲關稅蓋印之單據。乃證明貨物業經納稅放行。及貨物復運出口退還稅金之憑證。此項憑據。凡有三種。(一)進口蓋印原據。(二)洋貨蓋印分據(三)土貨蓋印單。派司處卽管理上項單據之簽發。

十一內地分運處　關於轉運內地貨物之事項。

十二碼頭捐所　關於碼頭稅一切事務。

外班房　管理貨物之檢查并巡稅事務。

海班房　管理船隻之出入及一切港務。

造册處　管理出版事務。其重要出版物凡四種。(一)統計表。(即海防年度貿易册與十年報等。(二)商品調查及醫員檢查報告書。(三)關於海關參攷雜書。(四)訓令文件等。

巡工司　管理測量工程。與航路危險標識。與港埠領港之監督與指揮。

華洋供職人員待遇之不平等

中央與地方之海關組織。上已詳述無遺。觀其所用華洋人員。除駕駛走役完全爲華人外。所有重要位置。全爲洋員占有。茲就光緒三十三年新關題名錄內外海三班及醫員。各國人之位置與人數。表列於次。

職員別 \ 國		英國	法國	德國	日本	美國	意大利	諾威	俄國	葡萄牙	和蘭	比利時	丹麥	墺大利	西班牙	瑞典	瑞西	盧森堡	暹羅	合計
內班	總稅務司	一																		一
	副總稅務司	一																		一
	稅務司	二〇	三	四	一	五		一	二			一	一							三九
	副稅務司	一七	二	二		一		一	一		一									二五
	超等幫辦	二一	四	四		一		一							一					三二
	頭等幫辦	一九	四	四				一		二			二							三二
	二等幫辦	二八	七	四		二	三	二	一	三	三	一		三		一				五八
	三等幫辦	一二	一一	五	七	三	二		四	一	一		一		一	一				四九
	四等幫辦	三四	一〇	一三	二二	六	四	四	一	一	一	四	一	二	一	一				一〇五
	供事	二		一			二													六
	雜項	一三								一							一			一五
	計	一六八	四二	三七	三〇	一八	一二	一〇	九	八	六	六	五	五	三	三	一			三六三
外班	總巡	三三	一	一一		四		一					三			二				五五
	驗貨	一〇八	八	三八		二六	三	四	三	四	一		一一	四		四				二一四
	扞子手	一七四	二	四三	六	二一	六	二三	七	一〇	四	一	一四	四		一三		一		三二九
	試用扞子手	二六	二	五	四	二	二	六	三	一				一		二				五四
	巡役	三二		四	一〇	七	一	二	一				一			一				五九
	雜項	四九		一		一				三					一二				二	六八
	計	四二二	一三	一〇三	二〇	六一	一二	三六	一四	一八	五	一	二九	九	一二	二二		一	二	七七九
海班	管駕官	五																		五
	管駕	一八		一				二								一				二二
	管輪	一九		二																二一
	砲手	三																		三
	計	四五		三				二								一				五一
醫員		二二	五	四		五		一		二										三九
總計		六五七	六〇	一四六	五〇	八四	二四	四九	二三	二八	一一	七	三四	一四	一五	二六	一	一	二	一二三二

觀上表。凡與中國締約各國。莫不享海關位置之權利。尤以英人多據要津。閣之令人驚訝。蓋英人恐獨握大權。招他國之反感。因以國際共管相攏絡。以塞各國之口。嗚呼中國之海關乎。抑英人之海關耶。

濫借外債之光宣時代

第九節　革命軍興與外人保管稅款

晚清之季。內憂外患紛至沓來。國中利益。既多爲各國所分割。財源大都爲外人操持。世界潮流所趨。國家事業。諸待維新。然以庫帑空虛。無法興舉。外人復乘間而入。獻策投資。清廷利其便易。不惜利權以爲交換。自光緒三十年冬至宣統三年春。七年間。成立借款四次。計光緒三十年十二月十九日。（一九〇五年二月三日）滙豐新借款一百萬鎊。滙豐銀行承借。年息五厘。九一扣。期限二十年。分年償還。以山西全省百貨釐金及烟酒稅爲擔保。宣統三年三月十七日。（一九一一年四月十五日）幣制實業借款一千萬鎊。美英德法四國銀行承借。年息五釐。九五扣。期限四十五年。前十年付利。後三十五年償本。以東三省菸酒稅、

革命爆發之由來

出產稅、銷場稅、及鹽斤加價、四款為抵押宣統三年十二月十一日（一九一二年一月二十九日）第一次瑞記借款三十萬鎊由瑞記洋行代表奧國史高德廠承借年息六釐九五扣期限五年第二年起分年償本以崇文門稅收為擔保同時第二次瑞記借款四十五萬鎊利息折扣擔保均與第一次借款同惟期限十年第四年起分年償本以上四次借款共合國幣一萬二千萬元名為維新政治用途實際則徒事皮相毫無興革加以前後諸借款逐年攤還本息占歲出之一部財政瀕於破產以是全國嘩然共管瓜分之說囂然一時重以親貴當國政以賄行綱紀廢弛民生愈苦醞釀多年之革命於是爆發義旗揭於武昌西南諸省以次響應惟北方諸省尚未影從清廷仍擁有北洋重兵十數萬之衆與革命軍相持於江漢淮徐間形勢上遂分為南北政府

時各國利中國紛亂為攫取權利機會以各省攤派賠款均已停解各國之關稅收入亦將為南北軍隊佔供軍費外債賠款無處取償向清廷抗議一面藉保

趁火打刼之外人保管關款

管理稅收委員會之組織

護辛丑條約第六欵所規定。新關常關爲擔保賠欵財源爲詞。由外交團協議。以各國銀行代表。組織聯合委員會。以監督海關稅收。撥還洋賠各欵。乘南北議和。清祀垂絕。百政無人負責之際。擬具管理稅收聯合委員會辦法八條。要求外務部承認。茲將該項辦法錄左。

一·此項委員會。須由關於庚子以前。以關稅作抵尚未付清之各洋債銀行。與關於和約賠欵之各國銀行之總董。組織成立。該委員會應決定各洋債內。何欵應行儘先付還。并編列一先後次序。以便滬關稅司。遵照辦理。

二·關係尤重之各銀行。即滙豐德華道勝三家。應作爲上海存管海關稅項之處。

三·應請總稅務司。承認先將海關所有淨存稅項。開單交與所派之委員會。屆中國政府復能償還洋賠欵之時爲止。

四·應請總稅務司。籌備由各收稅處所將淨存稅項。每星期滙交上海一次之辦法。

五·應請總稅務司。將上海所積淨存稅項。竭力籌維。於每星期均分收存滙豐德華道勝三行。以作歸還該項洋債及賠款之用。上海稅司應由此項存欵內按照第一條委員會決定之先後。准其屆期提撥付還。

六·倘至一千九百十二年年底。情形尙未平復。屆時必須算清下餘若干。可作付還賠欵之用。此項清單。須交外交團酌核。如何分撥。

七·該委員會應每三個月將所收關稅。如何撥付之處。由駐滬各國領事報告駐京各國大臣。

八·此項辦法。如有應行更改之時。得以斟酌損益。令各國大臣。囑本領銜大臣。請爲按照以上辦法。轉知總稅務司。飭行駐滬稅司遵照辦理可也。

上列辦法。其聲明關稅保管限制關稅用途。可謂嚴密。查中英五口通商章程第八款。有「凡英商進口。必須鈔稅全完。方准出口。海關應擇殷實鋪戶。設立銀

外務部之輕忽誤國

號數處。以便英商納稅。……』之規定。天津條約中英第三十三欵。中法第二十一款。亦均有『稅課交官設銀號』之聲明。乃外務部不顧利害。竟允各國之要求。即依照所擬辦法。僅聲明爲暫時權宜之計。咨照稅務處於宣統三年十月十六日。劄行總稅務司暨各關監督轉飭各關稅務司遵辦。茲將稅務處劄行原文列後。

滙豐道勝德華承管關款

爲劄行事。准外務部咨稱。前准領銜英朱使請將全國稅項。由總稅務司統轄。以待撥付洋債賠款等因。當經本部片行度支部核復去後。茲准片復稱。全國各關稅項。由總稅務司統轄。以待撥付賠欵洋債之用。係屬暫時權宜之計。應行照辦等因。咨行查照轉飭遵照前來。本處查各海關稅項。暫由總稅務司統轄。以備撥付洋債賠欵。既經度支部核准。自可照辦。除通行外。相應劄行海關監督總稅務司遵照辦理可也。須至劄者。

至是我國歲入數千萬之關稅。遂歸滙豐、道勝、德華三銀行保管。斯不僅損及

中國銀行收稅合同

德華銀行之停業

道勝銀行營業受革命之影響

中國主權破壞我財政上之組織其甚者國內金融頓少此鉅額現金以資流通經濟上因之更加枯窘外國銀行擁此巨資操縱我國市場反賓爲主其害尤烈且向章總稅務司雖握有海關行政之權然僅監督各海關之徵收事務收支稅欵初無權衡此項辦法頒行後稅欵支配完全入於總稅務司之手外人共管中國財政之勢力更進一步矣斯後於民國三年雖將內地各關稅款委託中國銀行派員設處徵收由總稅務司與銀行訂有委託收稅合同九條是不過各關稅務司欲免零星收稅之煩改由中國銀行代辦所收稅欵仍按章於每星期滙解初無保管之權民國六年德華銀行因中國對德宣戰停業該行承管之一部稅欵爲滙豐所兼併又同年俄國革命發生九年我國停止俄使待遇中俄邦交中斷道勝銀行漸失代表俄國國家之資格及蘇聯政府成立宣言放棄在華一切利益道勝營業遠不如前滙豐在華操縱金融更得橫行無忌推本窮源胥莫不由保管稅款權斷送有以致之耳近年以來國內銀行受外國銀行之壓迫多有

國內銀行請求政府收回保管關稅權

革命軍與

請求政府將保管權設法收回者乃以約章束縛終於未能。民國十一年。上海總商會及北京銀行公會。關於此節亦曾有極痛切之呈文。上諸政府。爲退一步之請求。但望將切實值百抽五之增收以及將來特別會議之附加稅增收。各款悉數提存國人自辦之銀行。雖爲補牢之策。政府果能據理力爭。則亦未始無補於萬一。而爲收回保管權之發軔也。

第四章　民國肇基與參戰前後之關稅

第一節　國基初奠之關稅與外債

革命軍興。清廷雖擁重兵。尚足相抗。然以二百餘年壓制之反感。人心渴望解放。而溥儀在位時方幼冲。皇室重臣。大都庸懦。加以袁世凱段祺瑞握有兵柄。傾向共和。力勸清廷遜政。故數萬里神州。不經美法革命之血戰。數月間即推翻滿清帝國。建設中華民國。組織共和政府於南京。舉孫文爲臨時總統。共和政府設國務院及外交、內務、農林、工商、司法、教育、陸軍、海軍、財政、九部。百政雖屬草創。然

民國承認滿淸與各國訂約繼續有效

修改稅則之日法俄附帶條件

均井井不紊。一律進行。對於關稅。知爲國家重要財源。頗加注意。以前淸光緒二十八年。（一九〇二年）第二次修改稅則。至民國元年已屆十年修改稅則之期。是年八月十四日。我國政府依照各國商約。於期滿六個月內。照會各公使。聲明願再行修改之意。其時因國體變更。各國以民國對滿淸與各國所訂條約。尙未表示承認繼續有效。外交團運用手腕。遲不承認我國國交。因無確實之答覆。及翌年（一九一三年）四月。國會成立。依法選出正式大總統。對外方針。決定承認滿淸與各國所訂一切條約。繼續有效。各國亦相繼正式承認民國之建立。外部因復照會使團。再申前議。英、法、美、荷、比、西、澳、諸國。以次覆書表示贊同。惟日、法、俄、三國。則爲附帶條件之承認。茲將各條件分列如左。

日本

一・華商之機器製造貨。多受政府特別保護。免除厘金及內地一切稅課。對於同種之外國貨。不應不予以同等之待遇。

修改稅則延擱原因

邊韓運貨減稅辦法

一、進出口貨物。既納子口稅後。不論在華商洋商之手。販運內地。不應再行征收厘金。及其他內地賦課。

法國

一、法國所提出辛亥革命直接間接所受之損失。中國須承認賠償。

俄國

一、關於陸上貿易之關稅。仍須準據中俄陸路通商條約。維持現狀。

一、緣中俄兩國境界附近之貨物。經由鐵路至海參威。再輸入中國內地者。應將從前所稅二分五厘之稅廢止。

我國以修改稅則。係依各國通商條約之規定。並非例外要求。因覆牒請為無條件之承認。交涉之中。歐戰發生。此案遂以延擱。

惟日本於此時（民國二年五月）援照邊俄減稅辦法。與吾國政府。訂立朝鮮南滿往來運貨減稅試行辦法數條。於東北陸路通商減稅為進一步之束縛。茲將重要條款錄之於左。

第一條　凡應稅貨物。裝火車由東三省運往朝鮮新義州以東各地方。及由新義州以東各地方運入東三省者。均應分別完納海關進出口稅三分之二。

第二條　凡貨物裝火車。由東三省運往新義州。再由鴨綠江運出口者。或由鴨綠江運入新義州。再裝火車轉運安東進口者。均不准援引第一條三分減一之例。以求減稅。所以凡屬應稅之貨由東三省裝火車運至新義州卸載。即應先完一出口正稅。惟如係在新義州銷售。以供當地使用。領有新義州稅關完納進口稅之單據。呈交海關查驗。如單內所列各項。足以證明實係由安東出口之某項原貨。則安東關即應承認該單為應行減稅之憑證。又如係在二年之內。裝火車轉運新義州以東各地方。領有新義州稅關所發給之鐵路運單。呈交海關查驗。如單內所列各項。足以証明實係由安東出口之某項原貨。則安東關即應承認該單為應行減稅之憑證。至於進口之貨。除由鴨綠江運入新義州。再裝火車轉運安東進口之貨不計外。如由新義州裝火車運入東三省之應稅貨物。領有新義州稅關所發之出口准單。或運單。註明該貨確非由鴨綠江裝船運來之貨者。即應完納海關進口稅三分之二。嗣後朝鮮海關章程如有變更。則以上所列辦法。中國海關亦似應隨時改定。

第三條　凡照三分減一納稅進口貨物。如有轉運東三省內地者。應照中國海關當時稅則所載稅率。完納三分之一之子口稅。即係三分之二進口稅之一半。

第四條　凡照三分減一納稅由安東進口之貨物。如欲裝車轉運東三省以外各行省之通商口岸。或內地以及裝船運赴東三省以內各地。或以外各行省者。如不先在中國海關補足所減之稅。則條約訂定之進口貨物海關一切辦法。該項貨物均不得援引適用。

邊韓減稅地區擴大

（嗣於民國八年五月間。吾國又徇日本之請。所有由接近北鮮間島琿春等處陸路。經由琿春關及延吉分關運往北鮮地方各貨物。及經由琿春關及延吉分關。由北鮮地方運往間島、琿春、等處各貨物。並許其照三分減一納稅。而邊韓減稅地區益為擴大矣。姑錄於此。以備參證。）

民國政府兩年間舉外債五萬萬元

民國成立。值滿清凋殘之餘。庫空如洗。財政之窮。無以復加。但中樞與地方。諸待建設。因以借款為救急之策。兩年中舉外債至五萬萬元以上。是雖百凡需款。

然亦理財當局。漫無限制。遂多虛糜也。玆將各債款合同分述之。

華比借款

一・華比借款。於民國元年三月十四日成立（一九一二年三月十四日）。由華比銀行承借債額一百萬鎊。年息五釐。九七扣。期限一年。擔保爲財政債券而以京張鐵路之淨利及財產爲抵押。此借款不以關稅爲擔保。蓋以比國政府知稅權已成英法諸國禁臠。故另闢蹊徑耳。此借款於翌年善後大借款中。即已扣還矣。

克利斯浦借款與海關管理鹽餘條件

一・倫敦借款。亦名克利斯浦借款。於元年八月三十日成立。由克利斯浦公司承借債額一千萬鎊。年息五釐。八九扣。期限四十年。前十年付利。後三十年分半年一次償本。以鹽餘爲擔保。其間接與海關有關係之條款。其合同第四款丁項有云。『此項借款。……如遇有本利屆期拖欠不還。更延至展限時日之外。則應將此項所抵課稅。或足敷抵償所欠之一部稅課。交與海關。由海關管理。以保全執有此項債票人之利益。』上項規定。是英人又欲攘鹽餘之權。而歸諸海關管理之下矣。

善後大借款

一・善後大借欵。於民國二年四月二十六日成立。（一九一三年四月二十六日）爲中國自有外債以來。最大之借款。由英德法俄日五國銀行團。滙豐銀行、德華銀行、東方滙理銀行、道勝銀行、橫濱正金銀行承借。債額爲二千五百萬鎊。年息五釐。九四扣。期限四十七年。前十年付利。後三十七年分年償本。以全國鹽務收入爲擔保。與關稅亦有連帶之條件。茲節錄其條欵於次。

關稅爲二重擔保

第四欵　此項借欵。以中國鹽務收入爲擔保。除以前抵借各欵外。獨占優先清償之權。

倘若將來海關每年所收欵項。除已經指定作爲擔保各債。或以後因修改稅則而裁去釐金。凡現存合同指定他項債務歸關稅擔保者。除應付各欵外。若仍有餘欵。即默認並商訂該餘欵儘先作爲本借欵之擔保。用以償還本利。因此而鹽務收入所有盈餘之欵。應如數撥歸中國。

各國取得鹽務行政主權之始

歐洲戰爭開始

第五欵　中國承認整頓改良鹽稅征收辦法。並用洋員以資襄助。由財部擬定辦法其大體如下。

中國政府在北京設立鹽務署。署內設立稽核總所。各產鹽地設稽核分所。均任洋員襄辦。

此項借欵……倘本利屆期拖欠。逾展緩近情之日期後。則應將該鹽政事宜歸入海關。並由海關管理所擔保之收入。以保執票人之利益。

上項條欵訂立鹽務稽核總所。以洋員爲會辦。各地稽核分所設立華洋分所長。其他位置要津。多屬洋員。鹽務行政主權。自此遂亦旁落中國。今日撥用鹽餘。尚須與外人一再婉商。始作甬者。卽此善後借欵合同耳。

第二節　參戰時之關稅與其影響附第三次修改稅則

民國三年。(一九一四年)空前之歐洲戰爭旣起。各國爲保持己國之利益計。相繼捲入旋渦。中國因改革以來。地方興舉。方次第進行。財政竭窘。無舍己圖人

日本提出二十一條要求

之可能宣布中立乃日本趁歐戰方酣列強不暇東顧欲壟斷中國利益急對德宣戰取青島而有之並於民國四年向我提出全世界注意及全國沸騰之二十一條要求當時因袁政府有帝制之謀秘密與之議定其喪失權利之鉅非可言喻其中所涉於通商及關稅制度之影響兩欵列下

一·日本於其所占領之德國租借地膠州灣在與戰前相同條約之下允中國復設海關並須採用日本人代德國人爲海關員

一·日本人獲得在南滿東蒙未開放地方自由居住往來並從事各種商工業之權利

中國參加歐戰與修改稅則

及袁氏帝制失敗段祺瑞組閣鑒於環境壓迫非參戰不足以取日後之國際地位民國六年三月十四日先宣布對德絕交以引起協約國之好感因以財政困難須修正關稅俾得增加收入以應參戰之需提出下列臨渴掘井之兩條希望條件於各協約國

一・改正詳價表。實行値百抽五。
一・裁撤厘金。增加進口稅率至十二・五。
各協約國會商結果。多表示可以贊同我國。旋於八月十四日即對德奧宣戰。各國遂繼續研究上提二欵決議。先贊成第一項。由雙方派員在上海設立修改稅則委員會。會查貨價。以便從事釐定。我政府派曾述棨、李景銘充委員會正副主任。（嗣後曾述棨因病辭職。改派蔡廷幹）並由各主管機關。派員組織一切籌劃會議進行方法。至翌年始行開幕。

修改稅則委員會之設立

民國七年一月十七日。修改現行進口稅則委員會開幕於上海。此爲中國第三次之修改稅則。費時經年之久。集議百數十次之多。我國提案經六次修改。始行議定。於同年十二月表決。即由各國代表呈報各國政府批准。修改之結果。因年限貨價之關係。所望於切實値百抽五之目的。仍未能達。僅得値百抽三・五。每年約可增加收入八百萬元。其他如國幣之通行。進口禁品之聲明。修改年限

第三次修改稅則

之縮短，以及關册之改良，均有相當之提議。其各國爭論焦點及會議經過情形，尙有足紀之價值，茲取其大要述之。

我國政府初以委員會已告成立，年度標準尙未議定，正式稅則無從著手修改；又以需款孔亟，急於謀關稅收入之增加，因要求各國先訂暫行辦法施行，再從容修訂正式稅則。乃提出施行加成徵收及改爲切實值百抽五之從價稅兩種辦法。各國或主張加成，或贊同從價，或以所定加成之數額太高，或指所定年度標準之不公允，或以加成宜視貨物之優劣分別等第，或以物價標準之不正確。先後經我國代表六次將提案修改，一再遷就，仍不能完全得各國之同意，尤以日本非難最甚。嗣因美國代表之勸告，以議暫行章程之遷延廢時，無寧積極協議正式稅則，尙能即收實效。我國遂改變方針，拋棄前項提案，而從事於正式稅則之修改焉。

正式修改稅則，首爲年度問題。吾人欲明會議爭執之理，須先知近年所收稅

眞正稅率僅僅若是

項之眞象。茲列民國元年至民國六年。所收之稅。按每年貨價平均計算。稅率如次。

民國元年約收百分之四　（一九一二年）

民國二年約收百分之三・九八　（一九一三年）

民國三年約收百分之三・九六　（一九一四年）

民國四年約收百分之三・六　（一九一五年）

民國五年約收百分之三・一三　（一九一六年）

民國六年約收百分之二・八九　（一九一七年）

中日年度標準爭執

觀上列以民國六年貨價最高。故稅率僅百分之二・八九。本應以是年貨價爲標準。我國但提議以最近三年爲年度標準。日本首先發言。以民四至民六均係歐戰年分。貨物暴漲。係在常例之外。不能認爲適應。應以戰前宣統三年至民國二年。（十一至十三年）爲標準。我國代表以其時貨價懸殊。力爭。最後。日本始讓步爲十二至十五年（西歷）各國代表則以日本主張亦失公允有議以十六年（西歷）爲標準之最適中者日代表堅持不下結果由外交團在京會議承認日本之主張而以民一至民五爲平均年度惟歐戰平定後二年仍須再行修改年度問題遂以解決

中日貨價標準爭執

次議定價辦法欲求稅率之實在必須調查正確之貨價我國提議以海關冊報貨價過低不足爲據擬亟設調查機關搜集貨價資料按月報告一面改正關冊以應修改稅則之需日本則堅主以關冊爲憑各國代表雖意見參差然以調查貨價至爲繁雜中國又無別項之統計亦無較善之辦法外交團在京會議結果規定由委員會參考凡有確實材料可證明關冊上貨價錯誤者可採其他憑證更正之我國以此案遷延已久亦即承認

貨物分類之表決

復次議分類辦法貨類分晢周詳稅則始能公允我國進口貨物種類繁多與各國之關係亦不一致如某貨甲國來貨最多乙國來貨最少丙國且無來貨審

修改年限之未討論

停付庚賠與德奧關員解職

延付庚欵五年

查各貨。預備分類定價之時。祇須有關係代表列席。其無關係之國。可不必參加。但自願列席者。亦可隨時聲請加入。特將進口貨物。列一分類單。分爲三十類。按類將有關係之國。詳註於下。提出徵求各國代表意見。僉表贊同。開議以來。此案表決較爲順利。

最後對於縮短修改年限。修改稅則。應適用於陸路通商。以及改正關稅稅制。提出討論。各委員亦多發表意見。惟均以委員會權力只限於修改稅則。初無具體結果。此第三次修改稅則之大概情形也。

此外尚有由參戰發生。關於海關之兩項重大事件。卽停付賠款與德奧關員之解職是也。當對德奧宣戰之初。除聲明停止償還兩敵國外債及賠款本利外。並以預備參戰。需款極多。向協約各國提出要求延付庚子賠欵五年。此數年中關稅上減少極鉅之外債担負。然國內貧困如故。亦不見稅款之所在也。德奧關員之解職。是爲海關上國際性質之變化。且同時協約各國人員。尚有因兵役請

華員不能依次遞升

關員待遇不平等之哀鳴

假歸國者。在理此項人員出缺。應以華員依次遞升。乃總稅務司。竟由國外另行聘雇。每員且須支付來華旅費百鎊。此項額外之耗費。總稅務司可謂慷他人之慨矣。海關用人之不公。前於清末海關行政制度一節。已詳述之。其對待中外人員之不平等。尤有不忍言者。茲錄其時海關華員丁艦仙君為要求改良待遇上總稅務司書。即足知我國人任職於海關者之苦況也。

……自德奧兩國人員停職後。海關事務已移歸協約國人員接辦。華員幫辦及供事等。為海關人員之一大組合。且所負職務較昔益重。其向為洋員所擔負者。今兼而任之。職員等對於本職。既盡忠誠。復恭謹守法。惟職員等盡力之處。未蒙明察。甚為觖望。茲特供獻芻蕘。幸希採納焉。

關於幫辦及供事人員全體之事件

(一)醫藥之設備　查海關定章。洋員及其妻室僕從等。均享有醫藥之照料。而華員竟付缺如。海關聘用之醫生。不過專供考驗華人之體格。是否合於服務之用而已。職員等以現有之薪金。雖平居康健。尚虞不能自給。苟遇疾病。則更有不可勝言者。且遍地延醫。費用之昂。實足令人驚駭。此職員等所以對於醫藥之設備。請求予以容納者也。

(二)房租之津貼。海關設有公寓。以爲洋員之需。苟無公寓。則與房租之津貼。洋員遠離家國。服務異邦。加以優禮。亦甚公允。但職員等無此津貼。亦覺困難。因華員中百分之九十五。無自置之家宅。於各該服務之港口。若以有限之收入。付月長之房租。是誠難堪者也。

(三)病假。海關定章。洋員呈請病假三月後。若不能銷假。支取半薪。乃華人祇限一月後。即支半薪。似此區別。亟宜廢除。以昭公允。

(四)長假。查海關定章。洋員服務滿七年後。予以一年長假。照給全薪。而華員於服務四年或四年以上。祇得兩個月長假而已。故職員等亟請寬待。按照服務期限。酌與展期。

(五)旅費之津貼。如遇更調等。洋員發給舟車之費。雖妻室僕從。亦沾此利益。而華員一切旅費。則出自私囊。故職員等亟請給與洋員同等之待遇。

關於同文供事之事件

(六)告退津貼。若幫辦等級者。服務滿七年後。可得告退津貼。而同文供事者。則十二年後。方可享得此利益。是供事人員於三十六年中。此項津貼始得三次。於同等期限中。幫辦人員能得五次。洋員薪俸之優厚。旣可以供應其超等之生活。故職員等冒昧呈請。對於此項告退津貼。爲幾年始給予一次者。勿再有所區別。幸垂察焉。

華員服務海關受外人壓制之恥辱

（七）等級之分別。　今爲最後而最重要者。爲等級之分別問題。此項問題。職員等曾屢次呈請。但尙未蒙嘉納。如王錦屛服務海關四十二年。始獲得超等正前班同文供事之職位。有職員錄可憑。然此項職位。他人尙未必可以達到。因有多人以年高之故。迫而告退。遂致職員錄中高級者。尙多空白也。近年來洋內班中等級業已重行分別。而於華人供事人等。則未之聞焉。支給薪俸之標準。爲前總稅務司。於一千九百零八年所訂。今於供事中仍然適用。不知現在生活。除受戰爭影響之外。已去昔時甚遠。抑更有進者。海關陞遷之舉。較之郵政鹽務等方面。最爲遲緩。故職員等呈請供事中等級之分別。亟須研究。而陞遷之舉。須如此辦理。以每二年升一級。供事中之等級。亟應縮少。而有功於職務特別保荐者。更須正當獎勵之也。……………

上列各節。僅丁君代表中國人員要求比較的優待。嗣後總稅務司因各華員一再力爭。始略予更改。實則待遇不平等之處尙多。即如薪資一層。不但職務高低之間相差過遠。即同一職務。亦洋員優於華員。此亦所應爭者。總之以中國之海關。中國人員爲本國盡職。而受外人之壓制。此誠國人之大恥辱。稅權一日不收回。自主則一日不能雪此恥辱也。

中俄國際關係變化

俄蘇宣言廢棄不平等條約

不接管道勝銀行之失策

新疆與俄國締結局部互惠之商約

對俄通商先決條款

此外尚有因歐戰影響。而發生中俄關係之變化。使中俄國際間搆成一新局。民國六年(一九一七年)俄國國民因歐戰之壓迫爆發革命。打倒羅馬諾夫帝國舉將帝國時代與他國所結不平等條約宣言概行放棄。惟以國內紛裂。一切均在混沌之中尚無具體對外之政策。我國乃乘時收回中東路管理權。及民國九年。俄國東部統一。組織遠東共和國。是年七月。派全權代表優林來北京。正式表示對華放棄一切。恢復邦交。請訂通商條約。並宣言前皇室所派公使領事。資格業已取消。不足代表俄國。我國始停止俄使領之待遇。嗣並收回俄國租界。與治外法權。惟對於道勝銀行不知暫行接管。仍任其營業。時遠東共和國急於與我國通商。以蘇內困。乃我國對國際交涉一視各國意向爲轉移。遲遲未與開議。惟新疆省政府因該省與俄國貿易關係過於密切。乃於九年十二月三十一日。與俄國土耳其斯坦政府局部締結互惠之商約。至十年一月。我國外交部因俄代表之催促。始提出對俄通商先決條件五欵。大致以中國國定稅則未實施前。

關稅自主運動掓始

關稅自主運動之三個時期

(國定關稅條例民國六年公布惟未製定稅則)仍暫照現行辦法在此絕好之收回稅權機會乃自行放棄若此是可痛惜也。

第三節　巴黎會議與關稅自主運動

民國成立以來。內亂外侮迄無寧日。國步雖極阽危。民智尚形激發。執政者亦漸能觀察世界大勢。以謀國家利益。奈財政枯窘。無米難炊。恒恃外債以支持。不免利權之斷送。因而常爲輿論所攻擊。民衆所反對。又以工商業之不發達。爲洋貨所抑制。於是關稅問題遂爲一般人所注意。然而稅權操諸外人。欲求關稅之爲我用。必須鏟除條約上之束縛。與夫海關行政收歸自辦。乃克奏功。關稅自主運動於以勃起。再接再厲。及乎今日。則全國上下莫不重視此項問題。爲不可或緩之運動矣。關稅自主運動。可分三個時期。(一)巴黎會議。(二)華盛頓會議。(三)關稅特別會議是也。

民國七年(一九一八年)十一月。德奥戰敗。先後與協約國訂降服之休戰條約。歐戰遂告終結。先是美總統威爾遜。因俄德媾和問題。會在議會發表教書。主持公道保障和平之美國和平條約十四條。世界輿論。翕然協約各交戰國。均承認其爲媾和基本條約。至是德奧均致書威總統。請本其教書之十四條爲原則。

中國提交巴黎會議之條件

速開和議。協約國爲解決歐戰善後問題。因議決在巴黎開和平會議。中國亦以參戰國資格列席。並提出下列之希望條件。(一)廢棄勢力範圍。(二)撤退外國軍隊巡警。(三)裁撤外國郵局。(四)撤銷領事裁判權。(五)歸還租借地。(六)歸還租界。(七)關稅自由權。以上凡七款。嗣又請求和會取消日本二十一條之陳述書。

關稅自主說帖要點

我國提出關稅自由權說帖大意。首言稅關之經過。次述現行關稅之弊端。末擬定下列四條希望。依據另訂新稅則。

一・凡優待之處。必須彼此交換。(即互惠條約)

一・稅則須有區別。奢侈品課稅最重。日用品次之。原料品又次之。

一・日用品之稅率不得輕於百分之一二・五。以補一九〇二年至一九〇

三年商約所訂廢止厘金之短收，

一・新條約中所指定期限屆滿時。中國不特可自由改訂貨物之價目。並可改訂稅率●

並於約後聲明關於關稅自由權一端請宣言由中國得自行改訂關稅又在此時期內。中國得自由與各國商定關稅。交換協約。並得區別必要品、奢侈品稅則。其必要品之稅率。不得輕於百分之十二・五。在未訂此項協約之前。先於一九一二年起。廢止現行規則。俟新約協訂時。中國即廢止厘金。對於關稅自由權固有詳細之考正乃提出後。巴黎和會委員會議之結果。僅有充量承認此問題之重要但不能認爲和平會議權限以內。擬請俟萬國聯合會行政部。能行使職權時。請其注意之一紙空文。答復我國。於是我所提出巴黎會議之要求遂完全失敗矣。

第四節　國定關稅與中德恢復通商

禁止對敵通商條例之頒布

我國對德奧宣戰佈告中。曾聲明『所有以前我國與德奧兩國所訂立之條約、合同、協約。及其他之國際條欵、國際協約。屬於中德中奧間之關係者。悉依據國際公法及慣例。一律廢止』。嗣更有禁止對敵通商條例之頒布。爲戰後通商地步計。因於民國六年十二月二十五日。公佈國定關稅條例。是爲自有關稅以來。較完備而含有科學原理之國定條例。惜乎日後中德恢復通商時。外交當局不能力爭實施此項條例。徒成虛設之官樣文章也。茲錄該條例於次。

國定關稅條例

中華民國國定關稅條例

第一條　凡外國貨物運進中國通商各口岸。應按本條例所定稅率徵收進口稅。但以條約協定者。從其協定。

第二條　關稅稅率。以從價定之。惟依從量件數等爲便宜者。得適用從量稅則。

第三條　課稅價格。參照海關向來估價法定之。

第四條　進口之外國貨物。除另有規定外。其課稅定率如左。

一·奢侈品　課稅值百之三十至值百之百。
二·無益品　課稅值百之二十至值百之三十。
三·日用品　課稅值百之十至值百之二十。
四·必要品　課稅值百之五至值百之十。
稅率表。由財政農商兩部。暨稅務處。根據本條所定各稅率。會同釐訂。
第五條　對於稅率表中各種貨物。如遇有加重課稅之必要時。得以政府命令。隨時酌定公布之。
第六條　凡免稅及禁止輸入物品。均按現行辦法辦理。但政府得隨時酌量增減之。
第七條　外國貨物已完進口稅後。如轉由華商運入內地銷售。得依海關向章徵收子口稅。
第八條　本條例自公布後。得由財政部、稅務處。酌定施行細則。及施行日期。

對德戰爭終止

巴黎會議之結果。列強處分德奧竣事。對德和平條約。於民國八年六月二十二日經協約各國全權委員簽字。對德戰爭狀態。亦公決於同月三十日終止。我國雖以關於山東三條不能贊成。拒絕簽字。然對其他條欵。均與協約各國一致承認。對德地位。不能仍取敵國態度。故旋亦於同年九月。宣言對德恢復和平德

中德恢復通商之交換條件

國以工業立國。戰後其南非屬地盡失。向之貿易地帶。均非所有。以中國爲最大銷貨場。亟欲通商之恢復。九年遣代表卜爾熙前來。要求恢復通商。時值直皖戰爭。未克與議。十年顏惠慶任外交總長。顏氏使德有年。對德情感素洽。德代表因乘時進行。並聲明以左列三款爲交換條件。

(一)承認取消在華之領事裁判權。

(二)拋棄駐北京使署所屬練兵塲全部權利。

(三)償還中國各處收容德國軍人用費。

於是德人日夕希望之通商問題。得滿意之解決。於五月二十日成立中德北

京協約。該約凡七欵。除互遣公使及領事等待遇外。其關於通商及關稅者兩款。茲錄原文於次。

第三款・此國人民在彼國境內。得遵照所在地法律章程之規定。有遊歷居留及經營商務或工業之權利。惟以第三國人民所能遊歷居留及經營商務或工業之處爲限。

兩國人民於生命以及財產方面。均在所在地法庭管轄之下。

兩國人民應遵守所在國之法律。其應納之稅捐租賦。不得超過所在國本國人民所納之數。

第四款・兩締約國。約明關稅稅則等事件。完全由各該國之內部法令規定。惟兩國間或他國所產未製成或已製之貨物。所應繳納進口出口或通過之稅。不得超過所在國本國人民所納之稅率。

上約簽定後。德代表曾於解釋德國前次聲明之交換條件及中德協約字句

國定稅則未施行前之德貨進口稅則德國對華貿易仍未失其優越地位

德貨進口沿用協定稅則之懷疑

公函中。詢問我國通商條例。是否在協約批准日起失其効力。外部復函中。除聲明此項條例當然失效外。並附以下列兩款。

「前在海關掛號之德國商標。自本協約批准後。由原主在海關重行掛號者。應恢復其效力。

在國定稅率未普通施行之前。德貨入口。得暫照通用稅率完納關稅。」

自有上項聲明之後。德國對華貿易於戰前條約上所獲得之關稅特別優越地位在新約條欵上雖可謂爲已經拋棄者按諸實際則仍予暫時保留遂使我國前此對德與而設之國定稅率。坐失實行之機會。世之論者。以中德協約之互惠平等條款視爲廢紙似非苛論惟考當日締約情況中德邦交急於恢復而國定稅率因手續與設備之關係非急遽所能施行當局之迴旋審顧或有別具苦心而在民衆方面視之則此項交涉不能謂爲完滿耳

第五節　華府會議與九國協約附第四次修改稅則

歐戰後外交中心之移轉

美國發起華府會議之目的

日本對美外交成功之初步

歐戰既終。向之英德俄均勢世界。一變而爲英美日角逐世界。英國以美國反對英日同盟。遂有太平洋限制軍備會議之提倡。蓋利用上議而聯歡美日以維持其遠東地位。時美國爲共和黨政府。自一九一二年總統選舉。戰勝民主黨之國際聯盟。頗思以世界和平爲號召。迎合民衆心理。而顯本黨政府之精神。遂就英國主張。向中英日法意五國非正式提議。開六國會議。討論限制軍備。太平洋及遠東問題。其提議之目的凡五。(一)對外關係之改善。(二)限制軍備。藉以減輕課稅。(三)破壞英日同盟。(四)整頓門戶開放。藉以擴充在華投資及貿易。(五)耶蒲問題之滿意解決。英法意三國對美國提議。即時予以贊同。中國雖外交眼光淺薄。不審此中關鍵。然以酷愛和平。及欲藉大會以要求蠲除國際上之不平等事件。亦卽爲無攷慮的承認參加。惟日本視爲絕對重要。曾向美國再四交涉。對於遠東問題。須有範圍。因恐危及其在華利益也。嗣美國允日本之請。定下列三項之標準。(一)就各國對於太平洋及遠東主義及政策定一總則。(二)特殊國間之問題。凡

華盛頓會議成立之經過

有碍此項總則之實行者。一律提出大會公議。(三)關於與會各國全體之事項。全部提出大會公議。日本接到上項標準。始答覆加入美政府遂發正式之請柬。嗣後荷蘭、比利時、及葡萄牙。因本國在太平洋或遠東有屬地。及經濟關係。要求加入美國不便拒絕。發電相請。於是此會議遂擴大變爲九國會議即於民國十年(一九二一年)十一月十二日。歐戰第三休戰紀念之次日。在華盛頓開會。上述爲華盛頓會議成立之經過。以及我國赴會提案失敗之原由故略及之。此後凡關於各國之提案。與我國提案之無關關稅問題之細情。俱不涉及。以貫澈吾書之旨趣焉。

中國提案八項內容

一九二一年十一月十六日。太平洋及遠東問題總委員會第一次會議。我國由代表施肇基。首先提出保障中國權利及對於列強態度之原則十條。蓋欲先獲得各國對我之同情而求作具體的要求也。上項提案。僅得各國尊重中國行政完全之敷衍答案。嗣後乃以次提出八大事實提案如下。(一)關稅自主。(二)取消

中國提案失敗原因

關稅現行制度與稅則亟行改善之理由

領事裁判權。（三）裁撤外國郵局。（四）撤退外國軍警。（五）廢止租借地。（六）取消勢力範圍。（七）撤廢外國無線電台。（八）取消二十一條。惟以外交委員事前無充分準備臨事又無一定方針委員中無負全責之領袖加以無組織完善之國民外交爲後盾及國內軍閥內亂之影響因之各項要求均無滿意之結果茲將所提關稅問題詳述之。

遠東委員會第五次會議。專討論中國關稅問題。中國代表顧維鈞。首先宣言聲述中國關稅之經過。及各國條約束縛所喪失之主權。並指出現行制度與稅則之損失及中國亟須加稅之理由其理由可分七項。

一·現行海關制度侵害中國自由規定稅則之主權。

二·現行稅制外商輸入中國之貨僅納輕稅。華商輸入外國之貨須納重稅。違反均等及互惠主義。

三·現行稅制。妨礙中國之出口貨。及經濟之發展。

四·現行稅制進出口一律且不分需要或奢侈品非根據科學原則。

五·現行稅制使中國財政蒙極大損失。各國關稅在預算中均占重要之位置。中國則歷來關稅佔全國稅收各數極微。

六·現行稅制使中國修正稅則備感困難在一九〇二及一九一八兩年修訂時已有經驗。

七·現行稅制卽能修訂至切實值百抽五亦不足應中國建設、教育、築路、衞生、公益等事之需要。

按照上列理由因請各國表示同意恢復中國關稅之自由政府毫無干涉現在海關行政管理之意亦無以抵押外債之關稅移作他用之計畫僅要求自定稅率權及實行分級制之稅權又以推行新制頗費時日由各國預定一實行之期在實行期前先定一期須增高稅率使中國得自由分別奢侈品或需要品自定分級制稅率但以不超過最高稅率爲限且以商議最高稅率亦須經月中國

之經濟狀況。亟須立圖補救。請自一九二三年一月一日起。將進口稅加至值百抽一二・五。此項稅率即一九〇二年至一九〇三年中國與英美日各國所訂定者也。

上項提案。由各國委員略事討論後。美國代表前國務卿路特發言。以中國所提加稅值百抽一二・五。當時條約係以裁厘爲條件。因詢中國有無關於裁厘之提議。顧代表答以裁厘之先須使中國關稅自主或增加可以替代厘金之稅率。因現在政府。公費浩大。原定增加之稅率。尙嫌不敷也。

恩德華之公論

美國代表上議院議員民主黨領袖恩德華發言。謂增加稅源。爲使中國穩固之最上策。個人意見認爲可照百分之一二・五定案。其他諸國均未發言。無結果散會後。即移交於專門小委員會。卒因日本之反對。遂致無效。

中國政府對於關稅問題提案之內容

關稅問題小委員會。以美國代表恩德華氏爲委員長。共開會四次。歷時一月。各國代表。雖互有意見。然以日本代表之反對提議。最不利於中國提案也。當第一次開會時。顧代表即提出下列六項辦法。
一·現行値百抽五之進口稅率即增至切實値百抽一二·五。
二·中國承認於一九二四年一月一日裁厘。各國承認即於是日。按照中英中美中日條約。徵收附加稅。並奢侈品特別附加稅。
三·此次訂約後五年內。再商訂關稅條約。以値百抽一二·五爲進口稅最高限度。在此限度內中國可自由規定稅則。
四·現在之陸運減稅規則。應即作廢。
五·此次協定後十年內。中國與各國間一切關稅條約及厘金條約。應完全取消。
六·中國自動聲明。對於海關行政現行制度。並無根本上變更或將已經抵押外債之關稅。移作別用之意。
上列條件提出後。日本代表首先反對說明。中國內爭不已。即酌量加稅。亦只

日本反對加稅說帖

能定爲償還外債之用。以免軍閥之截留。英國代表亦贊同日本主張。惟建議以增加關稅分充教育、實業及償還外債等數項用途。各國代表。則無具體的提議。第一次會議。遂無結果散會。第二次會議。英國代表巴登。建議改爲切實値百抽七・五。民國十二年及十五年。再行修改一次。俾與戰後工商業情形相符。以後每七年修改一次。奢侈品增稅亦可照辦。待釐金裁撤時。再行增至値百抽一二・五。並愼重聲明所增關稅。應撥充生利及有益之用途。時各國代表。均承認此提議之公允。惟日本仍絕對否認。且於提出說帖。大旨可分三層。（一）日本對華商務。占中國對外貿易十分之三。若驟增至値百抽七・五。是較舊有稅多至一倍。日本之大多數製造家。實蒙鉅大損失。（二）日貨係中國社會平民日用所必需。增稅後物價驟然提高。民衆生活。必受非常影響。（三）將中國關稅。改爲切實値百抽五。在未改正前。暫收附加稅三成。（即每稅百兩加抽三十兩）。顧代表對於日本說帖。當分別辯駁。各國代表亦以中國增稅。爲適當之舉。可如巴登建議表決。

中日相持中之恩德華調劑草案

顧代表鑒於環境已無較佳希望。遂亦表示贊同。日本代表尚堅持前議。不予許可。此法代表動議延會數日。俾日代表得以考慮。而有圓滿之答覆。且決定下次開會。由會長臨時決定之。

第三次會議。因日本之一再延擱。幾經一月之久。恩委員長鑒於中日代表之相持不下。特根據巴登建議。擬草案十條。於會議時提出。節取其大旨如下。

一・召集特別會議。討論裁厘加稅事項。

一・現行關稅。即增至切實值百抽五。

一・先由特別會議規定臨時辦法。進口稅增收一值百抽二・五之附加稅。奢侈品如公認爲可多收附加稅者。亦可由該會酌加。

一・此次修正稅則。四年後再修訂一次。以後每隔七年修訂一次。

一・現行海關制度不變更。

一・此次訂約各國。凡關關稅事務。均一律平等待遇。機會均等。

法代表聲請保留陸路減稅

日代表之關稅合同修正案

一・廢止現行陸路減稅辦法。

上列草案提出後。第四次會議時。顧代表當表贊同。各國代表。除日法代表外。無反對之論調。法代表極不贊成廢止陸路減稅辦法一條。聲請保留日本代表於修正特別會議一案外。並提出五項聲明。足見中國日本間商務關係之重要。而增加關稅與對外貿易。有密切之利害也。茲節錄日代表提案於左。以供參證。

一・日代表之關稅合同修正案

……中國與各國屢次討論裁厘加稅問題。惟以意見不同。關於增加關稅一節。仍無具體條約之結果。故關稅擬增至值百抽一二・五之問題。而待各國之詳細研究。日本之意。此事應俟特別會議決定。至本會擬定擬訂之協約。日本之意。其增加之稅率。須能得各國條約共同承認者。故擬以第一欵字句修正如左。

『由此次與會及承認本協約之各國及中國。組織特別會議。各派代表。從速

日代表關於附加稅之聲明

進行。預備廢除釐金。及履行一九〇二年九月五日中美商約第八欵之各條件。及履行日本及美國各條約中日同樣條件。爲按照各該條欵之規定。增加進口稅之稅約起見。』

觀上項改正案。日本蓋欲避免加稅值百抽一二・五之限制。復施故智。一如一九〇三年通商條約。對於裁厘加稅。含混其辭。以爲來日之推託計而已。

二・日代表關於附加稅之聲明

『……深冀關係各國訂定切實辦法。將該項增加稅收。首先作爲償付外債之用。此爲中國今日最急之用途。故以關稅撥充公益之用。如中國代表之主張。目前當非所宜。且按照現狀。常以此種稅欵。供給國內政黨之用。果爾則此項增加之稅欵。非特不能爲中國國民造幸福。恐增其內亂也。』

上項聲明。意在以中國內亂。引起各國之同情。而限制附加稅之用途。日本之於中國。無處不處心積慮。以遏止我之振作。甚矣帝國主義之外交政策也。

日代表分潤海關權利之希望

日代表陸地減稅問題之聲明

三・日代表希望分潤海關權利之意見

『日本非特不反對。且歡迎中國現行之海關行政制度不加干涉之提議。惟以日本商務。在中國所佔地位。及日本人所納之多數稅額言之。自應變通辦法。以昭公允。將來或在海關行政範圍以內洋員中多用日員。或以關稅分存日本銀行是也。』

日本垂涎中國鉅額之稅欵。欲分滙豐銀行與華俄道勝銀行保存之權利。並欲變更洋員制度。以謀掌握關稅大權同時法比意三國代表。亦表示與日本取一致態度。顧代表當答稱對於日本之聲明。中國將來自行酌核。且謂革命以前稅金悉存中國海關銀行後因地方不靖臨時改存外國銀行此種辦法於中國財政已極不利中國銀行界曾屢次要求政府取消此臨時辦法故將來討論此事。縱不能完全返還舊有辦法。亦須分儲一部稅金於中國之可靠銀行云云。

四・日代表陸地減稅問題聲明

『關於廢除中國陸路通商進出口貨減稅制。如英法俄各國。均表示贊同。日本亦表同意。惟須以中國各邊界同時舉行廢除且以俄國現狀之不定。中國須特別擔保廢除中俄交界之陸路減稅制。再此項提議之廢除。須與所提之附加稅同日實行。以上三項。爲日本承認廢除陸路減稅制之附帶條件也。關於此事。日本請注意法屬安南之子口稅特殊制度。因洋貨之運往滇桂各省者。均須繳納此稅。（中略）故法國政府若承認在中國之陸地減稅制。日本希望政府亦將安南子口稅制。從速廢除。再以日本與安南未訂商約之故。日貨運往安南者。較諸有約各國受不利益之待遇。此外日本貨物之子口稅。須納進口稅之五分之一。與有約各國。亦顯歧視。按以上情形。日本雖遵照機會均等原則。承認中國廢除陸地減稅制。而法國仍保留其洋貨子口稅。間接保護法國貨物之運往中國。似欠公平。故日本代表團。敢請法國代表注意此事也。』

恩德華計算中國加稅所得實數之報告

中國代表聲請保留關稅自主

日本此項聲明。不異反對廢止陸路減稅辦法。其交換條件之困難。明知中國之不易辦到。亦知法國之不能輕易犧牲其主張。更以安南子口稅相要挾。使互相牽掣。則其滿蒙間陸地貿易之減稅辦法。仍可保全。日本外交之狠毒。無怪老辣之英國外交家亦在在提防也。

久經停頓之遠東問題總委員會。於一九二二年一月五日。復行開幕。委員長恩德華氏。將小委員會議決。提出報告。并說明改正中國關稅之結果。其大意云。『照決議施行中國關稅實徵從價稅百分之五。歲增一千七百萬元。附加稅百分之二·五。歲增二千七百萬元。奢侈品附加稅百分之五以內。歲增二百十六萬七千元。以上三項總額。爲四千六百十六萬七千元。加入舊有之關稅。歲約四千六百萬元。其總收入額可增至一萬一千十六萬七千元。或至一萬五千六百萬元之鉅云云。』總委員會當將上項決議通過。顧代表於當時並聲明。『中國不能與列會各國同享關稅之自主權。實爲憾事。將來有機會時。仍當繼續考慮

華府會議中國關稅條約全文

此項問題[illegible]蓋以保留此案於將來提議也。

總委員會將小委員會中國關稅問題決議。交由起草小委員會起草。正式決議。於一月十六日。提出總委員會修正後通過。卽交付大會依議製成中國關稅條約。於二月六日。交由各國全權代表簽字。除修改稅則爲切實值百抽五一欵。於條約宣布後。從速辦理外。餘經各國批准後。方能施行。是卽中國關稅特別會議之九國協約也。該約原文錄左。

華盛頓會議中國關稅條約

第一條　關於修改中國關稅。依據中國與各國所訂現行條約。使稅率適合於切實按值百抽五。締約國各國代表於一千九百二十二年二月四日在華盛頓定有決議。作爲本款附件。茲締約國承認該項決議。並擔任接受此項修改結果所定之稅率。該稅率宜從速實行。惟至早須在公布日起兩個月後。

附件　參與本會議各國。卽美利堅合衆國、比利時國、不列顛帝國、中華民國、法蘭西國、義大利國、日本國、和蘭國及葡萄牙爲增加收入以應中國政府之需要起見。協定將一九一八年十二月十九日上海修正稅則委員會所採用之中國進口貨海關稅表。應立行修正。以期其稅率適合於中國與各國所定商約中規定切實值百抽五之數。
修正稅則委員會應趕早在上海會集。即行將稅則修正。並遵照末次修正之大綱辦理。
此項委員會應由上開各國代表。及現在列席華府會議各國承認之政府。曾與中國訂有稅則不得超過值百抽五之條約。而願參與修正之任何其他各國代表組織之。
修正之進行。應愈速愈妙。俾得自限制軍備及太平洋遠東問題會議採用本議決案之日起。四個月以內修正完竣。
修正之稅則。應及早發生效力。但至早亦不得逾修正稅則委員會將該項修正稅則公布後兩個月之時期。應請美國政府。以華府會議召集人之資格。將本議決案之條款。轉達於未列席華府會議而曾參與一九一八年稅則修正各國。
第二條　由特別會議。立卽設法。以便從速籌備廢除厘金。並履行一九〇二年九月五日中英商約第八款。一九〇三年十月八日中美條約第四款第五款。及一九〇三年十月八日中日附加條約第一款所開之條件。以期徵收各該條款內所規定之附加稅。
特別會議。應由簽字本約各國之代表組織之。凡依據本約第八條之規定。情願參與及贊成本約之政府。亦得列入組織本會議。惟須及時知照。俾所派代表。得以加入討論。該會議應於本條約實行後三個月內在中國集會。其日期與地點。由中國政府決定之。

第三條　在裁撤厘金。切實履行第二條所載各條約中諸條款所定條件之前。第二條所稱之特別會議。應考量應用之過渡辦法。並應准許對於應納關稅之進口稅得徵收附加稅。其實行日期用途及條件。均由該特別會議議決之。

此項附加稅。應一律按值百抽二•五。惟某種奢侈品。據特別會議意見。能負較大之增加。尚不至有碍商務者。得將附加稅總額增加之。惟不得逾按值百抽五。

第四條　中國進口貨海關稅表。按照第一條立卽修改完竣。四年後應再行修正。俾能確保按值稅率。與第二條中特別會議所定者相符。

再行修正之後。為同一目的起見。應將中國進口貨海關稅表。每七年修改一次。以替代中國現行條約每十年修改之規定。

按照本條所行之修改、應遵照第二條所稱特別會議規定之章程辦理。以資迅速。

第五條　關於關稅各項事件。締約各國。應有切實之平等待遇。及機會均等。

第六條　中國海陸各邊界。劃一徵收關稅之原則。卽予以承認。第二條所載之特別會議。應商定辦法。俾該原則得以實行。凡遇因交換某種局部經濟利益。曾許以關稅上之特權。而此種特權。應行取消者。特別會議得秉公調劑之。

同時凡一切海關稅率因修改稅則而增加者。與夫各項附加稅。嗣後因本約而徵收者。在中國海陸邊界均應按値課以劃一稅率。

第七條　在第二條所載辦法尙未實行以前。凡子口稅應一律課以按値百抽二•五之稅率。

第八條　凡未參與本約各國。如其政府已經締約各國所承認。且與中國現行條約。訂有進出口貨稅則。不得超過値百抽五之規定者。應請其加入本條約。因此美利堅合衆國政府担任爲必要之通告。並將所接答復知照締約各國任何國家之加入。自美政府接到該國通知時起發生效力。

第九條　凡締約各國從前與中國所訂各條約之條款。與本條約各項規定有抵觸者。除最惠國條款外。咸以本條約各條欵爲準。

第十條　本條約經各締約國。依各該國憲法上之手續批准後。從速將批准文件。交存華盛頓。並自全部交到華盛頓之日起發生效力。該項批准文件筆錄。由美國政府將正式證明之謄本。送交其他締約各國。本條約英文法文。一律作準。其正本保存於美利堅合衆國政府之擋庫。由該政府正式證明之謄本。送交其他締約各國。

第四次修改稅則

華府會議九國協定中。有中國關稅條約從速修正切實値百抽五之規定。而

前後兩次修改稅則之比較

上次修改稅則時。亦曾有戰後二年再加修訂之聲明。我國根據上述意義。召集修改稅則委員會於民國十一年（一九二二年）四月。在上海開會。先後開分部審查貨價會三十次。大會九次。歷時六閱月。新稅則即行產生。是爲第四次修改稅則。其年度標準。及貨價審查。尙能按照學理原則。預計歲可增收稅額約一千三四百萬元。以視第三次修改稅則。較有進步矣。茲將修改稅則經過略述之。

年度標準

年度標準　我國鑒於第三次修改稅則。年度標準問題糾紛之覆轍。且欲求改訂稅則之切實。因提議以民國九年（一九二〇年）十月至十年（一九二一年）三月。最近六個月之上海市價爲新稅則之年度標準。當時日本委員表示反對。建議以一九一七年至一九二〇年四年間爲標準。歐美各國以日委員之提議。調查貨價手續繁雜。我國之主張。遂得通過。

定價辦法

定價辦法　英國委員提議以六個月之年度標準。爲時短促。物價平均。殊難公允。如皮毛、呢絨等重量貨。在冬季銷場多。故價昂。在夏季銷場少。則値低。至於

容納英國意見之折衷辦法

紗布等輕量貨。又反是。須參用「指數法」乃能免去此等困難。例如第三次修改稅則。布疋一項。所定漂布之市價爲關平銀四兩一錢八分。（合規銀四兩六錢六分）設定此數。等於百分。再調查最近六個月內平均市價。若爲規銀八兩。減去其百分之十二。（即進口稅五分。貨費七分。）合規銀七兩零四分。以四兩六錢與七兩零四分比較。則一百之指數。已增至一百五十一矣。凡棉布多係拍賣售出。其市價最易調查。如擇其十或十五或二十種類。以前法計算比較之。即可盡證此類棉布。自前次修改稅則以後增價之平均數。而通用於計算各項棉布之稅則。英委員提議之理由如此。我國委員則以如用此種指數方法。所訂稅率。係得自平均數目。以視眞正市價。仍不免高低之弊。以此用於小宗貨物。尙可。若施行於重要貨物。則殊不當。故提出下列三欵。蓋容納英委員意見而加以考正也。

一·所有重要貨稅率。均照市價訂定。而以指數方法核正之。

二•劃分貨類時。每類包括性質相同重要之貨物。愈多愈妙。俾一項之指數。即可代表該類中各項之貨物。

三•每類中貨物價格議定後。可用某一時期進口貨數。作爲根據。算出該類貨物應得稅銀之總數。然後施用指數。就該類中貨物。逐一與市價比較。如須增減之處。可酌量變通。但減低某項貨價。即須增高他項貨物。俾該類價物所得之總數。仍與前所算出之總數相符。

起岸價值與市價引起英委員之爭議

上項提議。各國委員均予同意。惟起岸價值與躉發市價又引起英委員之爭議。蓋英委員以通商善後章程規定之估價方法。有照輸入口岸市價每百兩扣除十二兩課稅者。有按輸出口岸華商之合同所載價值課稅者。又有以出口岸華商之價值憑單。加以保險運送等費。作爲市價課稅者。辦法既不劃一。商人未能預算應繳稅額。諸感不便。要求修改此項章程。以起岸價值爲課稅標準。俾歸一律。我國委員。以起岸價值與市價相差過甚。由上海海關調查所得。其差數均

美國委員之調停案

委員會對中國政府之建議

超過於課稅時扣去之十二分。各國相差之數。又極不一致。其差數由十三分一七。以至五十四分三八之多。若依英委員提議修改不但於我國稅收損失重大各國待遇亦甚不均等。尤以自新加坡香港日本運來之貨多無價值憑單起岸價值。無法適用根據。以上各理由予英委員以駁復。美國委員亦詳論以起岸價値爲估價方法。於中國關稅以大不利。惟提議估價方法改良之建議四項。(一)擬請於善後章程內。加入凡從量稅貨物。應照當地躉發市價估算稅率。(二)進出口貨物。應註明原產地及運送地於發票或銀單上。以便統計。(三)關稅自然增加。所有海關人員及行政。應設法擴張或改良。(四)中國應在上海設調查進出口貨價機關。以富有驗估方法及經驗人員辦理。用爲海關之補助。上項提議。當爲各國委員所通過。列爲委員會對中國政府之建議。將於關稅特別會議時再付討論。當可見諸實施也。

我國對於詳定貨價方面。亦有兩項提議。一爲計算新稅則稅率。用四去五收

日本委員之建議案

中國駁斥日本提案所持理由

法。如稅率本位不過關平銀二兩。其尾數達半厘或過半厘者。按一厘計算。不及半厘者不計。一則提議選擇各種洋貨數量由天津、大連、上海、漢口、廣東進口者。均以民國十年海關貿易册爲標準。蓋計算新稅率以各口之貨物數量爲標準。更能得精細之平均貨價也。此議均經會議通過。茲後日本委員建議三案。(一)在中國各繁盛口岸設萬國評價委員會作爲海關之顧問機關。(二)上次修改稅則委員會關於尊重子口稅憑單之效用。各國曾有決議。今請中國依議履行。凡有子口稅憑單之洋貨。不再徵收國內任何稅課。(三)報稅單除原例英文外。應准商人於必要時。附加其本國文字。我國委員。以日委員提案。關係重大。一一駁議。所持理由如下。(一)現行海關制度。已侵我國主權。今若設萬國評價委員會。是更予一重束縛。(二)已完子口稅洋貨。我國并無再向洋商徵稅情事。自當履行前約。其已售與華商貨物。事屬內政。外人不能干涉。且此事與裁厘加稅問題。妨礙甚多。以現行厘金稅率。除河南一省爲一分五釐外。其餘各省均爲二分。是貨物如僅通過一省。又經常關地帶。則納子口稅。無寧完厘金。現在常關稅。業改正爲二分五厘。加以厘金爲四分五厘。貨物若通過兩省以上。所納一次常關稅與兩次之厘金。共六分五厘。再加以一分之落地稅。不過七分五厘。且照約商埠間貨物。均不課厘金及其他內地稅。現除河南、山西、陝西、甘肅、貴州、雲南、外各省。均有商埠。至於落地稅有無不一。或者加入厘金。是內地稅額平均至多不出五分。卽使按此徵收。洋商亦必願納此內地稅。而不願加海關稅爲一二·五。但依日本厲行子口稅之提議。則進口貨物納二·五之子口稅後。卽可遍運全國。其不願加稅爲一二·五。更無論矣。我國委員駁議提出後。因閉會在卽。未能付交大會討論。將來關稅特別會議時。日本或將另行提案。是不可不注意者也。

第五章　關稅特別會議與列國態度

第一節　關稅特別會議之成立與中國政府之提案

華府條約延未批准之原因

關於中國關稅問題。係根據於華府會議關稅條約第一條之規定。經締約各國政府批准後。得由中國自行召集特別會議。然各國對華政策。間有以利害關係。不甚贊同我國關稅之改善。自爲不可掩之事實。故華府條約簽定以後。遲之又久。不能見諸施行。其間尤以法國金佛郎案。爲批准交換條件。最爲梗阻。誠有背國際信義者也。

關稅自主運動之勃興

民國十四年。上海租界因國人對日愛國運動。演成五月三十日之慘劇。漢口廣州南京等處。民衆響應。復遭英人慘殺。因而舉國共憤。對日運動。遂一變而爲排斥英日運動。罷學罷市罷工之風潮。幾及全國。朝野人士。咸主張乘時收回關稅自主與治外法權。同時我國亦有提出通牒。要求各國修改不平等條約。各國輿論。多表同情。法國議員。亦攻擊其本國政府對華政策之失當。法國政府。以金佛郎案。業由中國政府解決。遂因此批准關稅條約。以表好感。同年八月五日。九國代表在華盛頓交換批准書。由駐京美國公使正式照會我國。其照會原文。摘錄如左。

關稅協約批准之美國照會

（上略）關於中國關稅之條約第二項之規定。其擬訂日期與召集該約所規定之特別關稅會議地點等事。現時可由中政府酌奪辦理。此外復有言者。設中政府關於召集會議而生之各種辦法有需要之處。本國政府甚願盡力贊襄。（下略）

召集關稅特別會議之請柬

我國政府。接到美國照會後。即於八月十八日。照會批約各國。定於十月二十六日在北京開會。同時復由美國介紹西班牙、挪威、丹麥等國。另柬加入。其請柬原文摘錄如左。

（上略）一九二二年一月五日。太平洋與遠東問題委員會第十七次會議時。中國委員對於關稅稅則條約。雖予承認。然曾宣言并無放棄關稅自主之意。

中外代表附之姓名

將來一遇適當時機。仍欲將此問題。重行討論。根據上項宣言。中國政府。茲特提議。將此項問題。提出於行將開幕之會議。并希望能有一種之決定。以祛除其稅則上之束縛也。（下略）

自請柬發出後。各國即先後照覆我國。派員與會。我國政府。除依委員會章程第二條之規定。外交總長、財政總長、農商總長、交通總長、稅務處督辦、全國菸酒事務署督辦、當然爲該會會員外。即於九月五日。特派梁士詒、顏惠慶、王正廷、王寵惠、施肇基、黃郛等六人。爲全權代表。至各國所派之代表。美國則馬克謨、史陶恩。比國則華爾慈。英國則麻克類。法國則瑪太爾。日本則日置益、芳澤謙吉。荷蘭則歐登科。葡萄牙則畢安齊。意國則翟祿第。瑞典則挨握洛夫。西班牙則塞納魯斯。挪威則密撒勒特。丹麥則考夫曼是也。

中外各國代表。屆時既集於北京。即於十月二十六日。在居仁堂舉行開會式。即由外交總長沈瑞麟主席。從演說辭中委託王正廷代表中國政府。爲關稅自主問題之提案。其提案原文照錄如左。

查一九一九年巴黎和會中國代表團曾提出關稅自主問題。惟當時認爲不屬於和會範圍。未加討論、迨至一九二一年華府會議。在遠東委員會第五次會議。中國代表以中國現在之約定關稅妨礙中國主權。違背國際間均等及互惠主義。重爲關稅自主及過渡辦法之提議。該委員會對於是項問題。雖經討論。惜未能充分容納。中國政府至今引爲遺憾。不得已而訂立一九二二年二月六日之關稅協定。故事前中國代表於一九二二年一月五日在遠東委員會第十七次會議席上。曾宣言關稅自主問題。於將來適當機會時。再行提出討論。同時並訂立九國協約。其第一條第一項即首先聲明尊重中國之主權與獨立。暨領土與行政之完整。茲中國政府重視各國尊重中國主權與獨立之誠意。際此關稅特別會議討論關稅問題之時期。中國政府認爲一九二二年一月五日宣言。所稱之適當機會已至。故特根據九國協約尊重中國主權完整之精神。並爲增進各友邦之睦誼起見。提出祛除關於稅則現行條約上之各種障礙。推行中國國定關稅定率條例（見另條）實行關稅自主之辦法如下。

（一）與議各國向中國政府正式聲明尊重關稅自主。並承認解除現行條約中關於關稅之一切束縛。

（二）中國政府允將裁廢釐金與國定關稅定率條例同時實行。但至遲不過民國十八年一月一日。

（三）在未實行國定關稅定率條例以前。中國海關稅則照現行之值百抽五外。普通品加徵值百抽五之臨時附加稅。甲種奢侈品（即烟酒）加徵值百抽三十之臨時附加稅。乙種奢侈品加徵值百抽二十之臨時附加稅。

（四）前項臨時附加稅應自條約簽字之日起三個月後。即行開始徵收。

（五）關於前四項問題。應於條約簽字之日起。立即發生效力。加徵值百抽二十之臨時附加稅。

關稅定率條例

附關稅定率條例

第一條 外國貨品運進本國通商各口岸時。按照本條例所定課稅辦法。徵收進口稅。

第二條 進口稅除烟酒及與國家專賣品同類者。另行規定外。其稅率最高爲値百抽四十。最低爲値百抽七·五。稅率表另定之。

第三條 從量稅品價格之訂定換算。或改正。以最近一年內之平均市價爲標準。

第四條 從價稅品之價格。依進口時當地之躉批市價定之。

第五條 進口稅遇有以其本國某種貨品依互惠條件協定者。其稅率從其協定。

第六條 本國貨品在外國受有較他國貨品不利益之待遇時。該外國之貨品。得以政府命令。指定於稅率表所列應收稅額外加徵與其貨品價格同額以下之進口稅。

第七條　外國貨品在外國受輸出奬勵金之待遇時。該項貨品得以政府命令。於稅率表所列應收稅額外。加徵與其奬勵金同額之進口稅。

第八條　遇有外國貨品故意貶價經政府認有擾動市場之虞時。得以命令。於稅率表所列應收稅額外。加徵與其正當價格相當之稅金。

第九條　稅率表中未經列明之貨品。其稅率應比照稅率表中相類或近似之貨品定之。

第十條　左列各項物品免徵進口稅。

(一)遊歷本國之外國元首及其隨帶人員之物品。

(二)駐在本國各國大使或公使之自由品。及大使館或公使館之公用品。

(三)政府輸入之槍砲子彈火藥爆發物。及其他一切軍械。

(四)爲救卹而購入或寄贈之物品。

(五)商品樣本。但爲合於作樣本用者爲限。

(六)已輸出之本國物品。在三年以內。復輸入而未變其性質及形狀者。

(七)由本國出港船舶所載之物品。因該船舶遇險而載回者。

第十一條　左列各項物品。在一年以內復出口者。免徵進口稅。但須於進口時提繳與進口稅相當之保證金。

(一)爲加工而輸入之物品。經核准有案者。

(二)爲修理而輸入之物品。

(三)爲研究學術而輸入之物品。

(四)爲作試驗品而輸入之物品。

第十二條　左列各項物品不准進口。

(一)食鹽。

(二)鴉片烟、吸鴉片烟用之器具、罌粟子、嗎啡、金丹、紅丹、白丸、及含有嗎啡鴉片高根之藥丸等。
(三)僞造變造或仿造之貨幣紙幣及其他有價證券。
(四)有害公安或敗壞風俗之書籍圖畫彫刻及其他物品。
第十三條　左列各項物品。除由政府自行輸入外。不准進口。
槍砲、子彈、火藥、爆發物及其他一切軍械。
第十四條　左列各項物品。非經政府特准。不得進口。
硝綠酸鉀、硫磺粉、白鉛、鹽酸、硝酸、硫酸、黃燐、工用炸藥。
第十五條　左列各項物品以相當數量爲限。經政府核准註册之醫士藥商及化學家、依其用途考驗。聯名具結後。報關查驗相符。方准進口。
嗎啡劑。高根及射藥針、斯託魏安洛因司替尼、狄邊嘜喳哈夕什、邦戈堪尼比、司印、狄卡、鴉片、酒精鴉片劑、鴉片精、狄奧仁、及其他各物品。爲鴉片高根所製成者。

第十六條　本條例施行日期另以命令公布之。

第十七條　民國六年十二月二十五日公布之國定稅率條例。自本條例施行之日卽行廢止。

烟酒進口稅例

附烟酒進口稅例。

第一條　外國烟酒運進中國通商各口岸時。按照本條例所定課稅率徵收進口稅。

第二條　烟洒進口稅率定爲値百抽五十至八十。

第三條　課稅價格之訂定換算或改正以最近一年之平均躉批市價爲標準。

第四條　本條例施行日期以命令定之。

（以上二條例。係十月二十四日臨時執政命令公布）。

關稅定率條例及烟酒進口稅條例。既由政府於先期明令公布。關稅自主議案。亦由我國代表於開會第一日提出。則過度期辦法。不能不趨重於增加關稅附加稅之一途。按華府會議。約定加稅以裁釐爲主要條件。故我中國代表。不待各國代表之聲明。即以自動的提出裁釐議案如左。

（一）裁釐步驟及裁釐日期　特別關稅會議。由華府會議尊重中國國權之精神所感。故其目的在中國關稅之自主。是以對於裁釐一事。應有固定之决心。蓋釐金爲中國人民經濟發展之障碍物。裁釐以後。華人生產力卽可得見充分之發達也。

惟各省所徵收之釐金統捐。以及類於釐金各項稅收。向爲各該省進款之大源。故此種賦稅。决不能立即撤廢。非分期舉行不可。蓋中央政府該管各機關。於裁釐以前。對於與釐金有關各事。如原定稅則。徵收條例。釐卡所在地點照撥等項。尙須細爲調查。考查之後。而裁釐之步驟乃定。今依照附列之裁釐計畫表。自一九二五年十二月起。各省政府應於六個月以內編造報告表册。同時中央政府。應派遣調查專員。前往各省詳爲考察。此種調查報告。應於其次

釐金收入每年總額	七千萬元

六個月以內由財政部及財政整理會會同考核。此外幷應籌備一宗欵項。足以抵償一年釐金之用。於一九二八年十二月底。裁釐計畫可以完全實行。

(二)抵償釐金辦法及籌償金　各省釐金之收入。雖無詳確之統計。然約略計之。每年總額爲華銀七千萬元。裁釐以後。誠恐各省收入將受重大之損失。是以中央政府於詳查之後。應預籌一筆欵項。以抵償所失。按照各省裁釐以後。每年不敷之數。分滙各省。爲此擬分二時期以舉行之。在第一時期內。應由增收關稅附加稅項下。劃出一部分爲抵償之用。在第二時期內。卽關稅自主實行時期。應卽由關稅項下籌撥。若此則裁釐後之抵償方法。旣已籌劃。則各省財政上不致受損。而釐金亦可實行裁撤矣。

以上議案提出。我中國代表同時復爲裁釐之宣言。文曰。『妨害中國經濟之發展者。無甚於厘金制度者也。因其阻碍貨物之暢銷、與商務之推廣。其結果每致減少生產力。而益陷人民於貧困。凡一國之進欵來源。及其購買能力。全恃人民生產力之大小。中國今日之生產力。受此不良釐稅之影響最鉅。遂至財源缺乏。收入減少。購買力衰弱。國際貿易亦因而低落。然由經濟歷史觀之。其發展程序。每由一家而推及於社會。再推而至於一國。然後普及於全球。此項發展。在今日已臻一國之程度。今中國不幸因此不良釐稅之存在。致原料與製造品之出產。不足供國內外之需求。此誠一可痛憾之情狀也。中國人民。歷年呼號此稅之裁撤。中央政府並設立財政整理委員會。由全國軍民政當局代表充任會員。吾人深認此種情狀。非枝枝節節所能救濟。若不將此問題澈底講求。則殊無增進國利之可能也。中國政府於熟加考量之後。決定裁撤釐制。俾國民之幸福與國外之貿易胥受其益。國內財政鞏固基礎。與各國之關係亦愈加敦睦。中國於是宣言。裁釐一事。將於民國十八年（一九二九年）一月一日以前完全實行。」云云。蓋所以示裁釐之決心也。

裁釐議案提出後。十一月二十一日。關於附加稅第一分科之裁釐抵補專門

裁釐具體計畫

委員會開會。中國政府復提出裁釐具體計畫。暨裁釐辦法。由曾宗鑒主席。說明其大旨如左。

(一)應裁之厘金標準。以民八預算已有者爲準。民八預算所無者。則以民五預算爲根據。其不見於民五民八預算者。則以呈由中央核准者爲限。此外各省隨意增徵稅目。增繁稅目。增設稅局。凡未呈報中央核准者。概爲無效。不予抵補。

(二)應裁之釐金範圍。因釐金一稅。各省名目不同。除魯、皖、閩、湘、粵、滇、黔、稱爲釐金。其餘有稱統稅者。有稱統捐者。有稱貨物稅者。有稱過境銷場稅者。有稱產銷稅者。名目既異。性質自有不同。非如當初創辦時。僅認爲通過稅可比。故今應裁之釐金亦以含有通過稅性質者爲限。出產銷場落地等稅。不在其內。

(三)釐金之抵補範圍。因應裁之釐金。既以通過稅及等於通過稅者爲限。抵補亦當然以應裁者爲度。抵補基金大部分出於關稅。小部分則以出產銷場或營業稅等抵補之。其款額預定每年內關稅項下指撥三千萬元。

（四）裁釐之順序。約分三步。第一步、自民國十五年起。分別釐金性質所得通過稅部分之確數。儘於一年內辦竣。第二步、自民國十六年起。即免徵通過稅部分。抵補財源。以關稅附加稅增收爲大宗。卽由此項收入指撥三千萬元。同時並辦營業稅或所得稅。或出產銷場稅。以抵補其一部。惟因由附加稅指撥之每年三千萬元。不敷抵補之用。故擬以此三年中之指撥數。發行一種裁釐債票。備抵三年裁釐之用。第三步、自民國十八年起。關稅自主已實行。應即以關稅增加之收入。直接抵補釐金。俟營業所得兩稅及其他稅收。以完全抵補釐金之缺爲止。

左列之裁釐具體計畫說明畢。各國對於釐金之解釋。有主張凡一切內地稅。統謂之釐金。皆當包括在內者。討論結果。則決定以內地稅之含有貨物流通者爲標準。

附裁釐辦法十條

裁釐辦法

第一條　左列各項國內通過稅。無論爲中央政府收入。或爲各省收入。概行裁撤。

(甲)釐金、統捐、統稅、貨物稅、鐵路貨捐。及其他異名同實之通過稅。

(乙)商埠五十里內外及其他常關。

(丙)正雜各稅捐中。有通過稅性質者。

第二條　前項應行裁撤之通過稅。無論其徵收時期在發送之時。運送之途中。或到達之時。凡征課於通過貨物之一切稅捐。均包括在內。

第三條　關於通過稅裁撤後。從來在常關釐卡徵收之捐稅中不屬於通過稅者。報告於財政部。由他種征稅機關徵收之。

第四條　監督徵稅之各機關。按照前三條規定。依通過稅與否而分別應行裁撤與否。詳細調查其稅額數目。於一定期間內報告。

第五條　依第一條第一第三兩項而裁撤之通過稅。則爲中央之損失。但政府各按其收入之不足。分別抵補之。

第六條　政府依據民國成立以來各種國內稅捐之統計調查。以其最多額之期間。作爲平均標準。先將前條之損失概數預算稍多。以定抵補方法。斟酌內外狀況。同時或分期實行裁撤之。

第七條　以關稅附加稅之收入。先行抵補中央及各省因裁撤國內通過稅所受之損失。但關稅附加稅實行之先。有裁撤國內通過稅之必要時。或難實行。而附加稅收之預計。不足抵補時。政府發行相當公債以充之。

第八條　前條之抵補金額。非至各省區所設新稅。得以抵補各該省區通過稅裁撤之損失。中央政府不得停止支給。

第九條　國內通過稅裁撤之確數及抵補額有過不足時。及於第三第四兩條規定之裁撤不裁撤之標準。財政部與各省區間見解相異時。由財政善後會議協議決定之。

第十條　本大綱由執政令由財政官廳及關稅特別會議委員執行之。

我國內地各省釐金。本爲各省政府之一宗可靠的收入。則在各省未實行裁釐以前之過渡期間。中央政府。不能不預謀一抵補之方法。按華府會議。普通貨二·五附加稅。暨奢侈品值百抽五附加稅之額。即在過渡期內。亦不敷裁釐計劃之用。夫以華府條約所規定各項附加稅之徵收。原不以抵補釐金爲其預期用途之一。然爲謀改良內地稅計畫之完成起見。則不能不照華會條約所規定之各項附加稅及條約文字上精神上所預期之用途。提議增高庶裁釐準備金始有的款可撥。故同年十一月六日。由我國代表顏惠慶提出增加附加稅議案原文如左。

附加稅加徵之提案

查一千九百二十二年二月六日。在華盛頓所簽訂九國間關於中國關稅稅則條約第三條曾規定。在裁釐切實履行第二條所載各條約中諸條款所定條件之前。第二條所稱之特別會議。應考量所應用之過渡辦法。並應准許對於應納關稅之進口貨。得徵收附加稅。其實行日期用途及條件。均由該特別會議議決之。

此項附加稅。應一律按值百抽二•五。惟某種奢侈品。據特別會議意能負較大之增高。尙不致有碍商務者。得將附加稅總額增加之。惟不得逾按值百抽五。

參與華府會議各國。討論中國關稅問題時。咸係爲好意與同情之精神所鼓動。故其結果於普通貨按照値百抽二•五徵收附加稅。並於某種奢侈品另徵附加稅。惟以値百抽五爲限。均經全體同意。但其詳細辦法。則仍應由特別會議訂之。

茲値特別會議開幕。中國深信各國代表所抱之宗旨。與一千九百二十一年一千九百二十二年參與華會各國代表所抱之宗旨相同。並深信各國代表注意於今日情勢之變遷。當可克竟全功。以鞏固中國政府狀況。並改善中國經濟狀況焉。

中國政府主要稅收

查中國政府主要稅收厥有四種。一關稅。二鹽稅。三印花稅。四菸酒稅。海關正稅及鹽稅。已供擔保內外債之用。其收入實已無剩。至印花烟酒兩稅。尚未推行盡利。是以海關增加收入實爲中國政府資以挹注之唯一財源。查他國情形有與中國相同者。其關稅實爲全部收入之大宗。每年編製預算隨時視需要之變遷爲伸縮之餘地。顧在中國自一八四二年及一八五八年以來。對於納稅貨物一律値百抽五。不寧惟是。此項稅則既以八十年前之貨價爲估計之基礎。其爲不利。抑又甚焉。直至近年乃始稍稍修改。自一九一八年修改一次後。至一九二二年又根據華會議決案修改一次。中國關稅因有此種限制。其收入比較其他商業國。乃有霄壤之別。然則增加中國關稅與在華外洋貿易確可無碍。故爲應中國財政上及社會上之需要起見。茲提議一種過渡時代之暫行辦法。即對於普通進口貨徵收値百抽五附加稅。(其理由見附件一)對於甲種奢侈品(即烟酒)徵收値百抽三十。(其理由見附件二)乙種奢侈品徵收値百抽二十

（其理由見附件三）。附加稅。

普通品附加稅

普通品附加稅率加至值百抽五理由書　查華府會議中。各國同意使中國關稅加徵值百抽二·五之附加稅。乃出於鞏固中國財政之美意。中國深所感紉。惟不幸此項辦法。當日原冀可以早日施行者。竟延緩近四年之久。同時中國政府財源枯涸。其困難之狀況。遠甚於華府會議之時。欲能貫徹當時之精神。非暫行加稅。俾裁釐易於進行。債務得就清理。建設可有的欵。政費得所補助不可。現在政治財政。俱在改造時期。直接稅一時尚未能辦理收效。中國政府對於消費貨物之間接稅。擬稍重賦課。將進口貨之普通品一律課以值百抽五之附加稅。此實過渡期間不得已之辦法。當亦為各國鞏固中國財政之所願望者也。好在為時甚短。釐金裁撤後。中國稅制之整理前途殊可有望。應請各國加意諒解。

甲種奢侈品之類目及附加稅

甲種奢侈品（即烟酒）加至值百抽三十理由書　查烟酒二項各國類多嚴加取締或懸為厲禁或課以重稅其取締方法雖因國情而不同然不能與普通

奢侈品相提並論則無或異如日本烟稅之値百抽三百三十五義大利烟酒稅之値百抽三百英國烟葉稅之値百抽四百六十五烟絲稅値百抽五百白蘭地酒稅値百抽八百美國之禁酒是爲世人所共曉中國各省現在徵收本國烟酒稅有値百抽至八十以上者而洋菸酒進口稅率則爲値百抽五再納一半稅爲値百抽二・五即可運銷內地通行無阻稅率之輕甲於天下以中國現行洋菸酒進口稅率計算比之日本約五十分之一比之義大利約四十分之一比之英國約八十分之一比之中國本國所產菸酒平均約合十分之一稅率懸殊實欠公允中國政府現在參照各國通例折衷規定過渡時期菸酒附加稅定爲百分之三十。實行自主後。按照公布烟酒進口稅條例辦理。此項貨品屬於嗜好。人民雖負擔較重。當亦無碍於商務也。

甲種奢侈品類目表。（一）烟草品。(1)紙烟。(2)雪茄烟。(3)鼻烟。(4)烟葉。(5)烟絲。(6)烟梗。（二）酒、啤酒、燒酒等品。(1)香賓及標名香賓酒。(2)阿思梯汽酒。(3)他種汽酒。(4)紅

乙種奢侈品之類目及附加稅

白葡萄汁酒。(5)布而得葡萄酒。(6)馬塞里葡萄酒。(7)甜酒除布而得馬塞里。(即馬得拉牙舍利等) (8)威末酒、白酒、金鷄納酒。(9)日本清酒。(10)濃啤酒、啤酒、蘋菓汁酒、梨汁酒、他種菓汁酒。(11)黑啤酒、黑苦酒。(12)白蘭地酒、高月白蘭地酒、畏士忌酒。(13)杜松燒酒。(14)糖酒。(工業上所用之糖酒不在內)。(15)他種燒酒。(即阿克維酒係得咯酒樸恩奇酒等) (16)甜酒。(17)火酒酒精。(淡椰子酒、木精火酒、木精酒精、精芋大麥酒精在內)。

乙種奢侈品加至值百抽二十理由書

中國受值百抽五稅率之束縛。感奢侈品與普通品不加區別之苦痛。已歷八十餘年矣。自華府會議簽訂關於中國關稅之九國條約。其第三條所規定進口貨之附加稅。載明某種奢侈品能負較大之增加。尙不致有碍商務者。得將附加稅總額增加之。惟不得逾值百抽五等語。雖尙爲有限制之規定。未能滿中國政府之希望。然於中國向來關稅稅率均一之制度。已得有適用科學的分類方法。量予改善之機會。各締約國之盛意。固極可感也。按各國先例。奢侈品進口稅有高至值百抽百者。有高至百以上者。中國政府現亦不欲與多數國相比例。惟總覺奢侈品之附加稅。僅以值百抽五爲限。未免與各國先例。太相懸殊。是以擬將附加稅之稅率。酌爲增高。除烟酒二項。各國皆課以較重之稅額者。列入甲種。訂爲值百抽三十外。其餘一般之奢侈品。則訂爲值百抽二十。中國政府深信此等附加稅之稅率。僅增高至此。其於商務上。亦並無若何之妨碍也。至於何種貨物應視爲乙種奢侈品。此實爲煩重之問題。中國政府業將英法日比等國之奢侈品表。加以參考。而仍本諸國內之民情習尙。酌爲區別。蓋各國人民嗜好不同。習俗亦異。其嗜好與習俗。大都因環境情狀暨生活狀態。而生區別。此固不能不注意及之者也。例如魚翅燕窩等類。在中國人大都視爲精饌。然通常於歐人或美人之嗜好。則殊嫌不適。中國政府現特將國內所應視爲奢侈品者。列一類目表。雖較之各國奢侈品表。不無出入。然可信其必爲素知中國民情習尙者所公認也。

附。乙種奢侈品種類表。 (1)絲織品、(2)毛織品。(3)蔴織品。(4)精製綿織品。(5)絲毛蔴棉雜織品。(6)皮革及皮革製品。(機器皮帶在外)(7)糖及含糖質品。(8)魚介海味。(9)貴重飲食品。(10)特種紙類。(11)木器及香木。(12)橡皮及橡皮製品。(13)磁器及陶磁器。(14)玻璃及玻璃器。(15)醫藥用品。(16)羽毛筋牙及其製品。(17)珠玉寶石及其製品。(18)車輛類(長途汽車在外)(19)槍彈類。(20)氈毯蓆類。(21)扇及傘類。(22)留聲機器、及音樂器。並其附屬品。(23)電氣材料、及電影器。幷其附屬品。(24)玩物及其他游戲品。(25)裝飾品及陳設品。(26)化粧品。(27)鐘表及其附屬品。(28)漆及漆製品。(29)烟鋪雜物。(30)五金製家用品。(31)天然靛及人造靛。

關於前項甲乙兩種奢侈品目之提出。其乙種奢侈品目。有過於概括。且有日用品混入其中。各國代表。均要求具體規定。故前後有兩次之修正案。其內容概要。臚列於左。

第一次乙種奢侈品之修正案

第一次乙種奢侈品目之修正案。 此次修正案。細別爲十七種。一百五十二目。

內容摘列如左。

第一種、絲線品(1)絲線物。(2)線帶類。(3)絲絨及鵝絨。(4)絹絲。(5)絲雜線物。

第二種、毛線品氈毯嗶嘰呢絨等九種。

第三種、次蔴大蔴及黃蔴線品。帆布細蔴布。

第四種、棉線品。(1)蚊帳錦毯。(2)倣金銀絲線品。

第五種、毛線雜線品。(1)雜線布十一種。

第六種、雜線物類。(1)人造絲線品。(2)人造絲線。(3)絲雜絨及鵝絨。(4)線織雜線品。(5)絲於線之絹與棉纖維交織之品。(6)絲棉交線之綢之染絲品。(7)毛線棉交線物。(8)室內裝飾用線品。

第七種、靴帽及偏織附屬用品。(1)花邊及緣邊。(布製帽及附屬品)(2)裝飾的鈕扣貴金屬製鈕扣等七種。

第八種、毛皮皮革類三種。

第九種、極貴重飲食品。(1)白糖。(和蘭標準糖)第十八以上者。(2)精糖。(3)方糖及條糖。(4)冰糖。(5)茶。(6)鑛泉類。(汽水類)。(7)魚肚。(8)魚翅。(9)鮑魚。(10)燕窩。(11)糖果。(12)罐頭牛奶及罐頭菌類牡蠣。蝦蟆類。火腿、醬油、豆醬、米酪、克霖、索各勒糖。牛油類、胡椒、罐頭蔬菜果品等。

第十種、紙類。(1)烟草用紙。(2)漿糊蠟光等類光滑紙。(3)亞特牌印刷紙。(4)紙幣用紙。(5)羊皮紙等。

第十一種、木器及木製品二種。

第十二種、玻璃及洋漆製品。(1)陶磁器。(2)琺瑯質鐵器類。(3)切玻璃或砂玻璃及水晶器。(4)玻璃板鍍銀玻璃板及窗戶玻璃。(5)有色窗戶玻璃。

第十三種、藥材。(1)高加因、嗎啡、鴉片等痲醉藥。(2)牛黄。(3)鹿茸。(4)賣藥類。

第十四種、羽毛牙類。象牙羽毛品等四種。

第十五種、寶石類。(1)人造及天然眞珠等七種。

第十六種、車輛類四種。

第十七種、雜品。(1)台灣蓆。(2)翻絲蓆。(3)洛丹蓆。(4)電氣器具類。(5)玩物及遊戲用品。(6)化學膠質品。(7)鐘表類。(8)胰皂類。(9)化粧品。(10)樹膠及其製品等二十餘種。

此外槍械子彈及禁製藥品之進口。仍依現行法令辦理。又本表所載之類似品。亦課以同等進口稅。

第二次物品修正案

第二次之修正案。此次修正案。不分普通品與奢侈品。但就附加稅率。列爲差等。除現行進口正稅値百抽五。及子口半稅値百抽二・五以外。將進口貨物分爲七類。即(甲)類二成七分五釐。(乙)類二成二分五釐。(丙)類一成七分五釐。(丁)類一成二分五釐。(戊)類七分五厘。(己)類五分。(庚)類二分五厘是也。

以上貨物品類中。細分爲一百三十八目。列舉如左。

(甲)類、爲酒精含量最多之白蘭地。威斯忌及呂宋紙捲烟草等四目。

(乙)類、爲烟葉。紙烟紙。製造紙烟雪茄之材料器具。啤酒。菓酒、各種葡萄酒、酒精火酒。白金金銀器具古玩、珠寶、鑽石玉器及未列名郵局包裹等十二目。

(丙)類、爲各種絲織品及貨疋。各種毛織棉織裝飾傢具材料。繡幃、花邊、繩帶、幔帳、嵌邊繡花裝飾品衣鞋冠帽毛皮羽毛製品。各種化裝品及一切化裝用物品。琥珀、玳瑁、珊瑚、瑪瑙等美術工藝品、倣珠寶製品、金銀漆器紙製裝飾品、鐘表類照相電影用品各種樂器玩物游戲品藥品汽車車輛及附屬品、水產物品、糖菓、罐頭、白糖、洋菓。醬汁等二十八目。

(丁)類、爲各種絲棉雜質貨品、毛織品。蔴綫細嫩貨疋及織品。各種人造絲及製品、地蓆地毯地布類、傘類、精製紙類、象牙製品、厚玻璃類、水晶類、磁器、眼鏡類、煤爐、汽爐、電燈及附屬品、煤氣燈管等類、木器傢俱、肥皂、牛乳及各種未列名包裹等三十二目。

(戊)類、爲毛兼棉貨品、人造絲兼棉貨品、人造絲紗絲棉、棉與蔴合織品、綿製衣服裝飾品、帆布類、綿製羅緞、泰西緞、鈕扣等類、漆布、假皮、染料顏色、顏料、油畫材料、化學醫藥材料用品、各種膠質臘膏油類、煤油、汽油、火柴、家用洗衣肥皂、玻璃器具類、冰櫃及烹飪器具、金屬器釘類及一切五金製品、縫紉綉花機器。脚踏車、東洋車及其他車輛附屬品、玩物、文房用品及打字機器類、寒暑表儀器、測量器械、電氣材料燈類電話材料、假象牙製品、香水類、八角、豆蔻、丁香等香料、甘蔗等四十九目。

(己)類、為未分類郵政包裹、未列名雜貨、各種未列名貨品共三目。

(庚)類、為棉花、亞蔴類、棉紗、本色棉布品、蔴袋、布袋、洋線袋及袋布、糖醬、肥料等十目。總數為一百三十八目也。

貨價計算之收入與實際收入

依前列貨物品類所徵收附加稅之預算、分(一)按照貨價計算之收入。與(二)按現行稅則值百抽五、實得稅率值百抽四・三計算之實際收入。互相比較如左表。

類別／數額	貨價計算收入	實際收入
甲類	一千二百五十六萬三千元	一千零八十萬四千元
乙類	一千零二十一萬八千元	八百七十八萬八千元
丙類	二千零九十四萬二千元	一千八百零一萬元
丁類	一千九百七十六萬九千元	一千七百萬零一千元
戊類	二千零八十五萬三千元	一千七百九十三萬四千元
己類	二千三百四十九萬四千元	二千零二十萬五千元
庚類	四百六十二萬三千元	三百九十七萬五千元
合計	一萬一千二百四十六萬二千元	九千六百七十一萬七千元

附加稅之稅率。以貨物品類而定其等差。由貨物品類而計算其收入數額。則必以編訂相當之貨價爲前提。中國從前因條約上關係。稅則由於協定。故修改稅則時。亦以協定而編訂貨價。此不特失編訂之自由。且手續亦失之遲緩。故王

正廷。於十二月十日在過渡辦法第二委員會。申述如左之引言。並提出預訂修改稅則章程草案。原文如左。

編訂貨價之引言

(甲)編訂貨價引言　查釐訂稅則。必先調查貨價。從前中國因條約上之關係。稅則出於協定。因之每遇雙方派員協議修改稅則之時。其編訂貨價。亦出於協定。中國政府前在華府會議席上。要求先收回調查貨物之自由。並應用自動修改之原則。以免每次修改。多所延擱。故九國間關於中國關稅稅則之條約。內有預訂章程。由特別會議議定之規定。今本會議已一致承認中國之關稅自主權。且規定將於一九二九年一月一日起實行。屆期編訂貨價之事。當然依照中國政府之法令辦理。惟在過渡期間。仍依據華會之精神。擬具修改稅則章程草案。(即編訂貨價之手續)提交本會。即請各代表仍本華府會議贊助中國之意。予以考量焉。

(乙)預訂修改稅則章程提議案(即編訂貨價問題)

一）按華府會議中所訂中國關稅條約第四條規定修改稅則之辦法。其條文如左。

中國進口貨海關稅表。按照第一條。立即修改完竣。四年後。應再行修正。俾能確依按照稅率與二條中特別會議所定者相符。

再行修改之後。爲同一目的起見。應將中國進口貨海關稅表每七年修改一次。以替代中國現行條約每十年修改之規定。

爲免除延擱起見。凡按照本條約所爲之修訂。應由第二條所稱特別會議釐定章程辦理之。

（二）又按以前每屆修改稅則。因種種關係。或則集會慾期。或則會議期中事務停頓。或則稅則已訂。施行遲滯。是以上開九國條約。對於免除延擱一層。特加注重。現在特別會議釐定章程。自應將一切躭擱之原因。概予免除。以符訂約之初意。

(三)又按修改稅則之關鍵。在隨時調查貨價。故中國政府於此。已特加注意。俾修改稅則時。足資應用。

(四)又按以前稅則雖經三次修改。然從未及切實值百抽五之數。以致中國未獲享受條約上應得之權利。損失甚鉅。故即在過渡時期之稅則。欲保持其按值所征之稅率。非與中國以自由修改之機會。不能見效。

(五)現在特別會議既經召集。自應遵照關稅條約之規定。釐定修改稅則之章程。作爲關稅自主以前過渡時期適用之臨時辦法。故中國代表提出下述章程草案。請與會各國代表共同討論。幷予同意。

(1)在關稅自主以前過渡時期。擬於前次修改(民國十一年即一九二二年)完竣滿四年(民國十五年即一九二六年)修改一次。其修改時。應以中國所調查最近一年內之平均躉售市價爲標準。此項市價。扣除該貨稅率之數及百分之七·三雜費。即爲進口貨完稅價格。如遇有必要時。中國政府得以進口貨價之指數表爲參考。

(2)現行進口稅則期滿前七個月。中國政府應將新稅則草案。通知本會議列席各國公使館。各國對於此項草案有異議時。應於四個月內。提出意見。請求訂正。由中國政府所組織之稅則審查會儘一個月內決定。公布後二個月發生效力。

(3)新稅則公布以後。如在實行期限以內。有大宗貨物。因特別情形超過修改當時市價百分之二十以上者。應由中國政府征一補償稅。俾此項貨物所納之稅。確保過渡時期條約上所協定之按值稅率。如商人不願納補償稅時。可改按從價稅繳納。

(4)如有大宗貨物之市價。比較修改當時。跌落至百分之二十以上。致切實稅率超過過渡時期條約上所協定之數者。商人提出確實證據時。亦可改按從價稅繳納。

(5)以上章程爲關稅自主前過渡時期適用之臨時辦法。其實行期間爲二年。自第三年起。即中國實行國定稅率之時。應將以上章程及條約內部規定之手續。隨時由中國政府自行辦理。

前項提案。經委員會作長時間討論。結果決定展緩。至隨後會議。再行討論。時王正廷。復代表中國發表下列兩種之宣言。

旅華外僑一律納稅之宣言

第一・旅華外僑應一律納稅之宣言。原文如左。

查租稅權之發動。根於國家之行政權。在完全獨立之國家。其行政權完整無缺。租稅權亦完整無缺。中國自與各國通商以來。無論何項條約。並無允許外僑在中國租界內或租界外者。可以免納稅捐之規定。乃邇年中國推行稅務。而外僑均以租界爲藉口。或託辭未奉本國政府訓令。抗不繳納。靡特租界已也。即租界以外及鐵道附屬地等。亦以條約上解釋不同。概不納稅。靡特外僑已也。即華人之住在租界以內或鐵道附屬地以內者。亦不令納稅。雖經種種之接洽。始終

英外相之租界解釋

未臻完善。中國政府不得已。乃暫在租界及附屬地之周圍。設卡征稅。不止於中國之稅權有碍。其實於中外之商務。亦有妨也。夫同一領土。因國籍之不同。即可免除其擔負。同一國民。因居所之或別。即可籍口以逍遙。揆諸國際法。內外國民同等待遇之原則。及華府會議尊重中國領土暨行政權完整之精神。均有未符。故中國政府擬將此等阻碍撤除。使中國政府之租稅權。得以完全行使也。

且就租界之歷史言之。一八六三年四月八日。英國外相洛塞爾訓令英國駐北京公使布魯斯云。英國租界內之地。自係中國領土。毫無疑義。中國人民。不能因居住租界之故。遂免其履行天然之義務。是年駐京各國公使會議決定。上海公共租界改組之原則。第一條。關於領土之權限。必須由各國公使直接得之於中國政府。第二條。此項權限。以純粹地方事務暨道路巡警及地方所需之捐稅爲限。細按兩條之意。是承受該租界之國。僅在其地有施行市政之權。所收稅捐亦僅以充市政經費者爲限。至居租界內之中外人民。仍當照納國家稅。不待言矣。觀於外人之執有地產者。須納地稅於中國政府。尤可爲外人必須納稅之確證。外人且然。華人更無論矣。

然此年以來。中國政府新辦之關稅。如印花稅、所得稅、烟酒公賣等。租界境內及境外之外國人。均以未得本國政府訓令爲詞。拒而不納。而華人亦以中外人民不能同等納稅爲言。故中國政府推行各項稅捐。甚感困難。現在中國財政之困難者。實因舊稅之收。不足以應現今國家之需要。且將來裁撤厘金以後。勢不能不以合宜之良稅替代之。如仍受以上所云之縛束。是中國之稅務問題。終無解決之一日。是以中國政府宣言。凡外僑在中國領土居住者。無論其爲租界內或租界外或鐵道附屬及其他區域內。均與中國人民同一服從中國政府所公布之稅法。負擔其一切捐稅。此乃中國合理之聲明。各國代表當必能予以諒解也。

第二・關於不出洋之土貨。拋棄出口稅及復進口半稅之宣言。原文如左。

不出洋土貨拋棄關稅之宣言

查中國稅關復進口半稅。即係對於中國土貨由此一口岸運往彼一口岸者。課以百分之二·五之稅額。土貨在原口岸出口運往外洋之貨同樣納出口稅百分之五。復在入口口岸內。納出口稅率之復進口半稅。不問其係從量或從價。均照出口稅之一半計算。查此項稅欵以最近三年平均計之。每年達二百四十餘萬關平銀兩。從前中英中美議訂條約之時。中國政府必再三留辦復進口半稅。而英美亦允許於條約內者。蓋爲各省之固有財源計也。今關稅既統轄於中央。中國政府爲體恤商艱。發達商業起見。用特宣言。自本會議閉會三個月後。將現在所征收及從前條約上所允許存留不出洋之土貨出口稅及復進口半稅之權利。先行拋棄。以爲裁撤厘金之初步。嗣後對於本國土貨。由本國此一口岸運往彼一口岸。並不征收出口稅。但爲防阻土貨私運出洋起見。運貨出口者。於出口口岸。仍須繳納出口正稅。領取存票。於貨物復進他口岸時。得呈驗存票。取回原繳銀數。但此種辦法。限適用於出洋免租之土貨。

整理稅收案。既由我國提出。各國正在磋商中。其磋商一經妥協。則此項稅收之欵。宜如何保管。用途宜如何分配。自成爲連帶問題。茲將我國關於此兩項之提案。臚舉如左。

第一　關於關款存放問題之提案

關款存放

關款存放於外國銀行。在條約上本毫無根據。故我國政府。亦擬提出議案。要求廢止。文曰『一千九百十一年議定之關款存放辦法。及修正條文。既已廢止。對於以關稅作擔保之外債。中國政府自應負本息償還之責。惟關稅收入。屬於中國國內行政事務。不待多言。故中國政府爲使債權者祛除其疑慮。及鞏固債票之信用起見。特乘此機會。向各友邦代表說明中國自定之存放保管方法。』云云。其方法如左。

之提案

(一)海關進出口稅稅收。與距商埠地五十里以內之常關稅收及其他雜稅。均存放於上海中交二行。記入海關常關收入賬內。

(二)總稅務司奉中國政府命令。將以海常兩關稅作擔保之外債本息。撥交代理銀行。於一定期間。決算一次。如有盈餘。應歸中國政府。不足則由政府補助之。

（三）海關附加稅稅收。存放於中交兩行。依中國政府及附加稅用途基金委員會之命令。分別撥充指定之附加稅用途。即補抵裁厘基金。內外債整理基金。建設經費。行政經費。

（四）外債整理基金。其本息撥交代理銀行。但該行代理之債權。於內外債整理債券發行時。以美金五十萬元。中國國幣一百萬元以上爲限。不足此數時。其本息基金。仍由上海中交兩行保管。按照規定。於支付日期支給之。

（五）裁厘基金。建設事業費。行政經費。按照附加稅用途委員會章程第十二條。應由該委員會撥交國庫保管。但在國庫未統一以前。得交代理國庫之銀行。或指定殷實銀行保管之。

（六）中國政府爲鞏固債務之信用起見。將關稅稅收撥交與債務有關係之銀行保管。

（七）前述各種保管方法。均不受條約合同及其他協定之束縛。於內外債合同條例。及其他指定方法。並不超越辛丑和約之範圍內。得隨時自動變更或提議取消。

（八）附加稅收中內外債整理基金。由代理銀行保管一節。係爲內外債支付整理起見。自一九二七年至一九四一年之十四年間。減低利息十五年後。中國政府得另行考慮前述各種保管方法是否繼續實行。

關款用途具體計畫

第二　關於關款用途之具體計畫計分四種。大要如左。

一・裁釐抵補費
二・國家建設費
三・內外債清整費
四・中央行政費

以上四種用途。假定每年需額一萬萬元。即按三・三・三・一之比率分配之。即第一種第二種第三種各三千元。第四種一千元是也。

清理外債列諸第三位之理由

清理外債。爲各國所最注重之點。今我國提案。何以反列於裁釐抵補費及國家建設費下之第三位。其理由蓋謂我國自動裁釐。爲取得關稅自主之重要節目。爲切實裁釐計。不得不以抵補費爲首位。而各國債務。依國際私法上。爲中國與各國私人的關係。與內債相同。完全爲私的關係。國家建設費。亦爲國家行政權之行使。各國既有尊重中國國家主權之誠意。自應置重於公的問題。而私的問題。自應列於公的問題之次位。此內外債清整費列諸第三位之理由也。然英日兩國。則認清理債務應列於用途之一種。彼此辯論。終無結果而散。

內外債現計之總額

內外債數目。據財交兩部所負無擔保及擔保不確實之內外債務。截至民國十四年止。共計約十一萬萬元。但其中有性質上極有疑問及有待研究之債務。經當局決定。減爲八萬萬元。整理年限。則定爲三十年。其分配及核減之詳細辦法。仍交由財政整理會核定之。但清理債務之基金。每年假定由關稅項下指撥三千萬元。按八萬萬元之債額計算。加入利息。非三十年不能淸償也。

西原債欵之性質

查各債中如日本西原債款。其性質雖爲政治借欵。然其用途。率多不明。將來關於此等用途不明。或無擔保之債務。自應由債權者自行退讓。日代表主張設一債務委員會。專門討論整理外債問題。而我國代表。則以關稅會議非研究債務問題。且恐惹起中國國民之疑慮。表示反對。而日代表已撤銷原議耳。

第二節　自主原則承認之經過

我國政府對於此次關稅特別會議所主張關稅自主之提案。與由自主原則所生之重要節目之提案。既如上節所述矣。至各國代表於會議中究取如何態度。亦爲我中國人所應重視者也。茲先將各國代表於開會第一日在會場之演說。大略列舉於左。

各國代表之演說詞

(一)美國代表　演說大略謂此次會議。既根據華府會議而召集。敝代表甚願善意互助。以信賴精神貫徹之。該會職責。既經關稅條約明白規定。敝代表等。決以公開態度。和協精神。準備討論各項合理的計畫。以期中國人民。對於關稅之期望。得以實現。并能助華人發達維持其健全之國家生活云云。

（二）英國代表　演說大略謂此次關稅會議。乃係參與華府會議之中國與各國等訂定協約之結果。是其此次會議之範圍及目的。已明述於一九二二年二月六日所簽訂之條約內矣。敝國政府。遣派代表前來參與。其意無他。即欲輔助貴國。達其正當想望。而謀普益中國之效也云云。

（三）日本代表　其演說文最長。前述日本於一千九百十一年以前。其關稅制度與中國受各國條約之束縛。爲片務的協定者相等。後述此次會議。第一依華府條約第二條規定。以增課附加稅爲目的。則該條約所規定之廢止釐金及履行其他條件。應取適當之處置。第二依同條約第三條規定。在釐金未廢止之前。承認從價一律二•五附加稅。或於或種奢侈品賦課二•五以上五分以下之附加稅。此等二•五附加稅。苟非修改前此之關稅條約。則不能變更。

業已確定應行增加之稅率明矣。日本全權對於中國政府。以實現國民的要望爲目的之合理的計畫。決不躊躇與以同情的及援助的考慮。此種目的。自應依一定之順序始能到達。故吾人相信。即中國自身亦不信列國立即無條件放棄現存條約上權利云云。

（四）法國代表　演說大略謂關稅會議。非但供中國政府增加收入之機會。更望於此會議。俾將來可以清釐經濟情況。以期完全恢復中國之信用。夫欲發達中國巨大之利源。專賴乎秩序與安甯。茲爲達到此項目的起見。法國政府遵照華府會議所規定之文字及精神。對於現時關稅制度。無論研討原則或專門研究條款及額數。凡中國政府將來提出該會各項具體之合理議案。在本國政府無不立即以最友誼之誠意。予以磋議云云。

此外各國代表。皆有發表意見。但其演詞簡單。而大旨相同。茲不備列。

各國代表演說後。遂於開會之翌日。在居仁堂組織會務委員會。列席者。中國

委員會之組織

方面爲王正廷代表。外國方面首席各代表均列席。由荷使歐登科動議。公推王正廷爲會長。即由王出席開始討論關會議事日程。並決定組織下列三種委員會。分辦議程上有關事項。列舉如左。

一·關稅自主事宜委員會。

二·規定實行裁釐辦法事宜委員會。

三·關稅會議有關事項委員會。

議事日程

右三種委員會。第一委員會會長爲王正廷。第二委員會會長爲顏惠慶。第三委員會會長爲黃郛。至大會議事日程分爲甲乙丙三項。

甲·關稅自主　計分二項

(1)由中國政府宣布關稅一般規定。但爲實際便利起見。雙方協定一種過渡時期。以爲實施關稅自主之準備。

(2)裁撤釐金。

乙・過渡時期。我國應取之預備手續。計分四項。

(1)爲徵收產銷附加稅。

(2)爲徵收奢侈稅。

(3)爲統一陸境海關稅率。

(4)貨物估價。

丙・與關會有關係事項。計分兩項。

(1)關於證明各項進口貨來源問題。

(2)海關稅收存放問題。

中國輿論對自主問題要求非常迫切

此次關稅特別會議。最重要之部分。爲關稅自主問題。已於開會第一日提出矣。而各國代表。則於十一月三十日開會討論。先由王正廷代表演述。大意謂關稅自主案。係中國此次開會提案中最重要之案。誠以此案不能有滿意解決。則此次開會。殆無意義。現時中國輿論。對於自主問題之要求。非常迫切。中國代表。

各代表討論自主案

日本代表之陳述

亦深信提案內容亦極合理。當望列席各友邦代表。鑒於中外情勢。本友誼之態度。承認此案。用副中國人民之願望云云。王氏演述畢。各國代表。遂相繼陳述意見。茲分錄於左。

第一、日本代表日置益之陳述　略謂敝代表於本會開幕之初。曾提議達到中國回復關稅自主權手段之兩案。第一案卽提議由中國制定適用於一般之國定稅率。同時併用於特種品目與關係國各別以條約決定之特別稅率。第二案卽提議大體上。按照一九〇二—三兩年中國與外國間條約所規定之關稅制度。旣不合理。且非科學的。足以阻碍中外之通商。今宜制定一率等之稅率。以上兩案。第一案似較第二案爲簡便易行。緣中國於二十餘年前。與外國所締結之條約。其規定不特有不易行之處。且亦未必適合於今日經濟之狀態。若一方設定劃一之稅率。而欲調和列國間許多複雜且互相抵觸之利害。誠非容易。於本會議會期中。難期有解決之一日。反是若採第一案。則關於特定稅率問題。與中國爲單獨協定。一方爲中國實行撤廢釐金。除去通商之一切障礙。得關係國之完全同意。實施國定稅率條例。是則中國解決關稅自主之最簡便而易於實行之案也。

美國代表之陳述

第二、美國代表史陶恩之陳述　略謂敝代表等願在華盛頓條約以外。更進一步予中國以援助。但極望將裁釐計畫。全部見示。此項計畫。必須與關稅自主。同時一致完成。

丹麥代表之陳述

第三、丹麥代表考夫曼之陳述　其大旨與美代表之意旨相同。

瑞典代表之陳述

第四、瑞典代表挨渥洛夫之陳述　略謂敝代表參與此次會議。係根據華府條約之規定。本國政府。極願以最寬厚之精神。討論關稅自主問題。但本國政府。尚未及考量中國提案之機會。故敝代表在未得本國政府訓令以前。對於自主問題。不能表示如何之意見。

荷蘭代表之陳述

第五、荷蘭代表歐登科之陳述　略謂敝代表以爲關稅自主權。係主權中一種固有之權利。故本代表團已承本國政府授權。將竭本代表團能力所及。從事於本會議。務使中國代表所提出之各項問題。得以完滿解決。

英國代表之陳述

第六、英國代表麻克類之陳述　略謂敝代表見地與瑞典代表意見相同。深願秉最寬大之精神。預備討論關稅自主之原則。但須取得本國政府之訓令。現時提案中頗有興趣者。願能得時間。予以考量。

法國代表之陳述

第七、法國代表馬太爾之陳述　略謂敝代表應本會議之召集。與其他蒞會代表。有全權討論及決定所有條件。使一九二二年二月六日所訂定給予中國之利益之各種條件有效施行。故爲中國利益起見。吾人之努力。實爲必要。將來中國提出之任何合理之議案。本代表願準備以最友好及最寬容之精神。予以考量。用副中國人民對於關稅之願望。

挪威代表之陳述

第八、挪威代表密撒勒特之陳述　略謂敝國政府之意。以爲關稅自主者。乃任何獨立國家之絕對的主權。所以中國提出第一案。（即關稅自主問題）鄙人願予贊同。但鄙人欲一言者。此項宣言只就原則本體耳。至中國議案。鄙人亦如各代表所聲言。必須更得較明確情形而後。方能討論放棄中威條約中任何包括之權利。但鄙人亦極願本極友讓之精神。

葡萄牙代表之陳述

第九、葡萄牙代表畢安齊之陳述　略謂本國政府。深信此次會議。各代表團所提出之議案。必將使中國得以完全行使關稅自主權。

西班牙代表之陳述

第十、西班牙代表塞納魯斯之陳述　略謂本國政府爲尊重中國政府之願望及履行議院所採納之寬大政策起見。不但無意阻碍本會。且將贊助本會議所採與中國有益之一切議決案。

比利時代表之陳述

第十一、比利時代表華爾慈之陳述　略謂鄙人以比利時代表團資格。可以宣告吾比國就原則上。願允許中國關稅自主。但關稅自主應與裁釐同時並舉。而裁釐實行與否。屬於中國內政問題。是則吾人不能忽視也。中國對於此事。所有盡力之處。本國政府當表同情。

意大利代表之陳述

第十二、意大利代表翟祿第之陳述　略謂敝代表對於中國代表所有合理之提議。將以最友睦之精神。與以考量。但本國政府以爲裁釐與關稅自主爲連帶問題。但承認中國有權儘先取得完全關稅自主也。

各國代表陳述意見畢。王正廷代表復提出裁釐之議案。時因會議時間已過。即散會。十一月三日。關稅會議第一組關稅自主委員會。復開第二次會議。首由

英國代表之聲言

英代表聲言願履行華會條約各條款。至進一步之自主問題。須呈請本國政府訓示。方能有所決定。瑞典代表對於英代表表示贊同。次日美代表相繼發言。並提出具體方案如左。

日本代表之提案

第一、日本代表之提案　余於第一次大會。爲回復中國關稅自主權計。曾提出具體提案。吾人信以爲可行之案。即（一）中國於一定期間內實行裁撤釐金後。實施國定關稅條例。（二）在前項準備期間內。中國與關係國結新條約。此項條約。即關於關稅代易現行條約者。與國定關稅條例之實施。同時實施之是也。

吾人之提案旣單純且率直。而基於我國當回復關稅自主權所親歷之經驗。故以爲頗合於實際。

對於中國與列國現存條約中。可認爲不平等之重要點有二。(其一)即中國非改正條約不能變更其關稅率。(其二)即關於關稅率中國受片面的束縛也。在初期之日本關稅制度。亦有與此同一之束縛。日本爲除去前述第一層束縛。於一八九四年與諸國締結新條約。該條約於五年後實施。其後有效至十二年間。而其第二層束縛。則至一九一一年改訂條約。乃獲除去。其間經過實有十七年之久。今照吾人之提案。則中國將上述兩層束縛作一次且於短時日間除去之矣。故余於茲代表日本全權。提出本會議所應締結之條約基礎之下列各條項。以供委員會之考量焉。

第一條　除中國以外之各締約國。茲敬謹宣言承認中國具有自主國固有之權利。應享完全關稅自主之原則。

第二條　中國應按照下列條款所表明之辦法。恢復施行其關稅自主。
第三條　中國應立即制定一國定稅率條例。並附以稅則表。須於三年之內。及於中國所宣告廢除釐金時。公布實行。
第四條　在上條所稱之過渡期內。中國得按照華盛頓條約第三條第二段所規定。徵收進口貨物附加稅。
第五條　在此同一過渡期內。中國應與其他締約國分別議訂新條約。依兩方願意。規定某種物品所適用之互惠的協定稅率。且此項條約應在一定期間內繼續有效。
第六條　第三條所稱之國定稅率條例。以關於各締約國而論。須與上條所稱之新條約同時實行。
第七條　應行議訂之新條約。應取銷中國與其他締約國所訂關於關稅事宜之現行條約。

美國代表之提案

第二、美國代表之提案　十月二十六日關稅會議第一幕王代表演說內。中國代表團要求列國聲明尊重中國關稅自主原則。並承認解除現行條約中國關稅之一切束縛。且聲明中國政府懷抱裁釐之意旨。要求徵收臨時附加稅。及此次會議雙方核定各事項。早日發生效力。本代表團意欲將中國代表團提議之計畫。在能辦理之範圍內推行。且希望此項會議所核定各項辦法。其目的係實現中國之希望。并保障各關係國及人民應有之利益。故本代表團能允按照華府會議所規定之條約。立即應允征收二・五附加稅。并在物品表規定時。可將奢侈品征收值百抽五附加稅。本代表團能允立即進行磋商。以便雙方訂立協定實行。於一千九百二十二年二月六日所規定之各條約內其他條款。本代表團承認中國關稅自主之原則。并允磋商一種新條約。以便將該原則發生效力。在該項新條約內。載有裁釐條款。並將現行之條約束縛取消。及實行國定稅率條例。俾得將華府會議所規定之條約條款。及所擬定比較略鉅之計畫實行。本代表團之提議如下。

一·除中國外各國允於一千九百二十六年二月一日開征普通品二·五附加稅。奢侈品物品表成立後。征收值百抽五附加稅。此稅至遲於一千九百二十六年七月一日實行。照此增加之收入須由海關保管。按照本會議所規定之用途支用。

二·現在規定籌備將上列之各項附加稅。在陸路邊界一律同樣征收。

三·訂立一種新條約內。應有下列之條款(一)此次新條約發生效力三個月後。中國堪以征收一種一律實行新進口稅率。該項稅率由值百抽五至值百抽十二·五。其出口稅率由值百抽五至值百抽七·五。此作爲臨時辦法。俟至中國關稅自主發生效力時止。(二)由是日起。陸路邊界及海路邊界征收相同之稅率。(三)因實行本條件。海關收入增加。須將遞增之進款存儲海關。以備下列之用途。

四・釐金及將來雙方協定類似之內地徵收。即可裁撤。
五・以爲達到裁釐之目的。將海關收入分攤抵補各省替代釐金之徵收。
六・如果將來有何處違背裁釐之協定。再行抽釐。其完納釐金之人。可向海關獲得如數之補償。
七・附加稅海關收入之增加進款。按下列指定用途使用。(甲)抵補各省釐金之收入。(乙)補償所納不法釐稅。(丙)償還無抵押之債款。(丁)撥充中央政府行政費。
八・如果能實行上列之第四五六七等條款。中國代表團之提議。卽可照辦。將現行條約中國關稅之束縛於一千九百二十九年一月一日取消。及國定稅率條例發生效力。
九・關於新條約簽字後。應即從速提出可以實行本條約之方案。
十・如果締約國在一千九百二十八年一月一日以前。有大多數提議。可於是年五月一日。召集締約國代表會議。審查釐金是否業已裁撤。及協議其他必要事項。

就以上日美之提案觀之。較之英國更進一步。對於我代表提出自主案原則上。雖已贊同。但對於裁釐手續及關稅自主實行期間。其各提重大條件。與中國希望相距尚遠。故是日委員會。關於自主問題。仍無相當之解決。最後以王正廷、日置益、馬克謨三案作基礎。交付第二組委員會討論。如第二組委員會會議有辦法。再交第一組委員會討論。由大會作最後之決定。以示置重自主之意。

王顏蔡三氏之提議

十一月六日。關稅會議第二委員會。復在居仁堂開會。先由委員會主席王正廷代表。簡略說明中國代表團關於本委員會事務之地位。（見第一節開會引言）次由顏惠慶將中國政府對於過渡期內附加稅率之詳細提案。在本委員會提出之。（見第一節提案）終由蔡廷幹說明中國提議徵加普通品及奢侈品

日使芳澤之提議

附加稅之理由。（見第一節理由書）芳澤代表日本代表團提出下列節略（節

意大利代表之聲言

略另列）史托蘭詳細解釋十一月三日公布之美國計畫。意大利代表於大衆討論時。爲下列之宣言。

一九二二年二月六日華盛頓簽訂之關於中國關稅條約。爲增加中國政府收入起見所幾經研究而成。是以在意大利代表團視之。以爲此項原則。既經設定。則各國政府爲欲援助中國政府得拔於現在窘急之財政局勢。似乎首先須知中國政府之急需。意大利代表團以爲就實在事實而言。必應設法將中國各債務合併成一整數。以使中國能按期付給債主以利息及分期償還借款。如此辦法。不但與公允主義相符。且與中外多數債主同其利益。倘中國能完全恢復其信用。是亦異常有惠於中國也。且中國政府亦應置於一地位。務使其能處置其他款項。以爲政費之需。然關於此端。則非一外國代表團所應建議。是以意大利代表團。不得不希望中國政府。關於其政費所提出一詳細計畫。并表示其意願。以爲所需之款項。應完全實用於民政。中國政府關於極要之一端。即裁撤釐金。與必須之財源。以償還各省因釐稅所失之稅款。業已宣布其計畫矣。今者中國代表團。提出本會之計畫。將能按照所指各條件。施諸實行。雖然意大利代表團之發此論也。不過有感於中國時局使然。鄙人希望主席與中國代表團勿誤會。至預期完全裁撤釐金之時期。似在中國已爲時極短。蓋在此時期。卽在一國其幅員小於中國。而其中央政府之威權。又能徧行於全國者。欲實現如此重要之一財政改革計畫。尙嫌未足也。且中國政府雖堅欲於此規定之時期以內。實行所言之改革。苟實施改革之際。竟有發生重大之障碍。此則必不可或忘者也。意大利代表團因希望上述之懷疑。未必有據。以爲應牢記於心。是以裁撤釐金。本應在中國厲行關稅自主之先。卽行辦理。然倘在中國代表團所特表之時期以內。不克實行。而有任何適宜之議案提出。擬圖考求必要之補救方法。則意大利代表團對之。尙願用心研究及贊助之也。

總之意大利代表團深信中國政府以後增收之進款。應專用於下列之用途。

英代表之十三條欵

十三條欵之內容欲使自主問題無形打消

（一）付還借款。（二）抵補釐金稅。（三）行政經費之所需。中國政府如以此增收關稅。專用於上述之三用途者。則意大利代表團深信中國於物質上及道德上必將受惠甚巨。故意大利代表團以爲中國厲行關稅自主之先。在過渡時期。必應與以一適宜之附加稅。與上述之各需要相適合。并以此附加稅無論如何。必應在華盛頓條約第三條之規定二·五及五分（按指奢侈品）以上。是以如有提案。凡與上述各意見調和一致者。意大利代表團願加以最敦摯友誼之精神審核之。

日美意代表發言後。中國代表允於下次開會時。將詳細計畫。交會討論。此關稅會議第二組委員會第一次會議關稅自主之大略也。至第二次第二委員會會議期間。則爲同月十三日。中國代表。只將中日美三案說明。此外並無表示。惟英代表對中日美三案。曾撮要比較。臚列十三條款。雖非一種提案。然其意旨。實欲以此爲今後討論之根據。至其所列十三條之內容。在欲使此次開會。僅限於

英人居心破壞自主

附加稅之討論。使自主問題。無形打消。較之日美。尤進一步。至其所宣布提議內容。大要謂『敝代表發表建議。其性質可爲今後會議之議程。提議內容。即爲列國應儘先承認華府條約所同意之普通品二・五附加稅。及奢侈品之五分附加稅。此項增稅之基金。應存放海關。充爲裁釐及無擔保外債之用途。關稅會議後。當進一步。另行討論關於自主問題。即如附加稅之增加。與裁釐實行之手段。』云云。英代表提議畢。經各國代表討論之結果。雖無甚反對。然以英國提案。作爲今後議題一層。多數不表贊同。經最後辯論。定爲翌日繼續會議。就英國代表此次之提議觀之。其破壞自主之心。昭然若揭。於會議前途。誠非淺鮮也。

附英國提案

英國代表團。茲將中美日三國提案。加以調劑折衷。提出下列大綱辦法。特提議以供作本會議委員會之詳細議事日程。如承採用。則於分委員會。應考量其詳細各點。

英國提議十三條欵之原文

一・各國承認自一九二六年起、凡由輸出港口運來一切進口貨課以二・五附加稅。並即按照應行準備之奢侈物目表之規定。凡奢侈品。均將前項附加稅加至値百抽五。由此所得關稅增收。交由海關保管。按照本會議決定之方法處置之。附加稅之金額。一律在各邊境征收。爲實行按照一九二二年二月六日在華盛頓簽字之中國關稅條約第六條應即履行之海陸一律課稅主義之協定。應即實施之。參照上開各項、玆謹提議關於華盛頓條約中之公平調劑問題。中國及關係各國代表。務必在本會議以外。謀得直接諒解。本會議應不必超越華盛頓條約以上。僅以承認上開各項規定爲止。俟華盛頓條約中所企圖之此等處置。盡量謀得從速實施之方法後。本會議可根據以下之主要原則。爲訂立新條約之交涉。

二・各國聲明承認中國有享受關稅自主權權利之主義。中國亦應聲明裁撤釐金及其他國內稅之決意。上項聲明應行提及之新條約之目的。即中國關稅自主權之恢復及釐金暨其他國內稅之裁撤。應照下開時機方法造成之。

三・俟釐金及其他國內稅裁撤後。（期限未明言、中留餘白）然後爲中國國定關稅定率條例實施之協定。（其稅率表應即提出。）

四・自條約效力發生之日起。三個月後作爲過渡期間之處置。從裁撤釐金起。至關稅自主權實施止。中國有海陸一律按照左列稅率表規定課稅之自由普通進口貨。自値百抽五至値百抽口。（原留餘白）進口洋酒。烟草及烟草製品。暨其他經本會議決定之一種貨物。（預留値百抽若干之餘白）出口貨。（預留値百抽若干之餘白。）前項稅率。作爲過渡期間之處置。以行徵收。則現在關稅暨參照前舉第一條之進口貨附加稅。應承認其廢止。

五．前項所指過渡期間即從關稅增加後迄裁撤釐金竣事以前。應設各國之進出口貨。概不課國內稅之規定。該規定中應包括下列各項。（甲）爲防違背中央政府之契約而征收國內稅者起見。應在海關設賠償制度。（乙）爲得各省之贊同與協力。且爲抵補此過渡期間因實行裁撤國內稅而生之收入缺額起見。應照按分比例。分配關稅增收之一部於各省。

六．本會議於前項過渡期間。應攷慮中國與各國間。各別訂立包括互惠的關係協定之單獨條約之提案。

七．本會議爲防關稅自主實施後。有違背本國中央政府之協定。徵課不法的國內稅起見。應考慮其保障問題。

八．新條約實施到期後。同時將關稅收入。存放於海關。應於將來所定之適當規定之下。且照提議之順序。（一切優先的要求）爲次述之目的使用之。（A）因裁撤釐金及其他國內稅。按各省所受損失程度。分別抵補。暨作賠償因蠲視此種規定而被徵收之稅款之基金。（B）借款之償還。（C）中央政府之補助。

九·關稅自主權業已確定。並既實施不課關稅國內稅以外之稅款規定後。應即規定關於國內稅徵收之一定方法。

十·本會議應利用此種機會。解除一般的關稅規定及關於商業之重要問題。以除中外貿易之種種障碍。

十一·新條約之條款中。如有與從前中國與各國間所訂條約抵觸者時。以新條約爲有效。但關於最惠國條款之各條項。不在前項規定之列。

十二·新條約訂立後、應謀於最短期間實施之方法。

十三·新條約中。應設一種規定。如有締約國過半數之要求。中國爲於本條約中各條項。原爲必要之協定之目的起見。得召集締約國代表會議。

就以上十三條款之內容觀之。可謂兼有日美兩國之惡點。其意欲由根本上推翻自主案現該案一部雖經打消然英代表對於過渡期辦法及稅款存放海關行政等問題尚未肯放鬆仍欲間接達其破壞自主之目的十四日關會第二

中代表提自主節略

委員會復開會議。中國代表鑒於輿論與民氣之緊張。在席上發表節略。如左之三項。

一・關稅自主應明白規定條約內

二・裁釐係中國自動的提議非自主之交換條件

三・自主問題解決後方能討議附加稅問題

中國提出三節畧後會場形勢緊張

以上節略提出時。列席各國代表質問頗烈英代表頗持反對論調、並主張須訂明中國實行裁釐後。再許自主日美等國大率附和。會場形勢頗爲緊張最後由荷蘭、瑞典等代表。提出調停辦法。在第二委員會中分設一種小委員會。推舉委員五名。將現有各方提案。均擱不用。從新起草具體方案。此項起草員。由當場代表指派。以便容納各方意見。草案成後。再提交第二委員會大會覆議。各代表

小委員會之成立

小委員會通過關稅自主案

一致通過。當指派中國代表王正廷、荷蘭代表歐登科、美國代表史陶恩、英國代表麻克類、日本代表日置益五人。爲起草員。起草範圍。亦曾經辯論。最後決定。先解決自主及裁釐問題。將附加稅問題。暫置後議。

十七日小委員會續行集議。首由中國委員。提出關稅自主與裁釐新案。當經列席四國委員容納此種提案。係取一種共同宣言形式。共分二層。第一層謂列席會議各國。宣告承認中國關稅自主。並撤廢自主之制限。允中國於一九二九年一月一日起。頒布國定稅率。第二層謂中國政府同時宣告裁撤釐金自一九二九年一月一日起。切實奉行。原案尙有前文。經列席四國委員略加修改。大意謂關於自主裁釐之決議。及今後繼續會議其他問題之規定。均當包羅在列席十三國協定之中。所謂其他問題者。當即指過渡期之附加稅。關款存放。及債務整理等問題也。

前項提案。經小委員會通過後。決定召集第一委員會大會。其召集期間。爲十

自主案之通過

一月十九日。是日會議。以關係重大。中國人士均極注意。特將第一第二兩委員會。聯合開議。開會後。當將小委員會通過之關稅自主案。提出報告。各國代表均無異議。英代表亦未有表示。遂議決下列之條文。茲將該條文照錄如左。

本會議各國代表。議決採用下列所擬關於關稅自主一條。以便連同以後協訂其他各項事件。加入本會議所簽訂之約。

列國承認關稅自主之共同宣言

各締約國(中國在外)茲承認中國享受關稅自主之權利。允許解除各該國與中國間現行各條約中所包含各關稅束縛。並允許中國國定關稅定率條例。於一九二九年一月一日發生效力。中華民國政府聲明。裁撤釐金與中國國定關稅定率條例。須同時施行。並聲明於民國十八年一月一日即一九二九年一月一日須將裁釐切實辦竣。

第三節　自主節目與列國對案

關稅自主。本為獨立國固有之主權。我國因各國條約之束縛。故欲回復自主。

須經關係國一度之承認。現各國既承認廢除各條約之關稅束縛。於一九二九年施行國定稅率。似乎爲無條件承認自主。然條文內有『協訂其他各項事件。加入本會議所簽訂之約』又『中華民國政府聲明裁撤釐金。與中國國定關稅定率條例。須同時施行。』

關稅自主重要節目

是由自主條文所生之種種重要節目皆爲各國所不能忽視之案。何謂重要節目即裁釐辦法過渡期附加稅稅收用途關稅存放及陸路關稅諸問題關於此問題。我國既有相當之提案則各國自亦有相當之對案。除第一第二兩節已列外。茲分類摘錄於下。

各國對裁釐之爭點

第一、裁釐　釐金裁撤之時期。已於自主條文中確定。即『中華民國政府並聲明於民國十八年一月一日即一九二九年一月一日須將裁釐切實辦竣』云云是也。到期能實行裁釐與否。則以各省能否統一。中央能否有權及於各省爲斷。此爲中國之內部問題。至與各國有關係。爲關係國所爭者。即(一)釐金性質。各省名目不同。除魯皖湘閩粵滇黔等省。稱爲釐金外。其他各省。有名統稅統捐者。有名貨物稅者。有名產銷稅及過境銷塲稅者。應裁之範圍。依我國提出具體計畫。則以含有通過稅性質者爲限。而出產銷塲落地等稅。不包含在內。而各國則主張。凡一切內地稅。皆包含之。(二)釐金裁撤抵補之欵。依我國計畫。則每年預定由關稅項下。指撥三千萬元。其有不足時。同時幷辦營業稅、或所得稅、或出產銷塲稅。以抵補其一部。再有不足時。則發行一種裁釐債票。備抵三年裁釐之用。而各國則主張關稅所增加之收入。須先淸理內外公債。其有餘之額。方爲抵補裁釐之損失。茲將英國代表團。於本年二月二日所提出之津貼裁釐徵收抵補釐金特稅之提案。照錄於左。

英國對裁釐之提案

(1)緖言　下列各節所概叙之提議。並非欲表示一種裁釐之計畫。乃爲進行裁釐之際。預備如何裁釐。及如何保護進口洋貨本地製品。在準備裁釐期內。得以免除內地徵稅之一種方法而已。夫實行裁釐現經承認爲一種國內問題。必須歸由中國政府及各省當局辦理者。至各國對於津貼裁釐之補助。自必認中國得將進口洋貨及外人在華所製物品。徵收一種抵補釐金特稅。其收入則攤分各省。以代釐金。而一方面中國政府爲酬報各國容許此項特稅起見。自必擔任下列各端。(一)所有進口洋貨及納出廠稅之華洋人在本地製造出產各品。均應一律徵收該稅。務期公允。(二)將此項稅收分撥各省、以代釐金。(三)所有完納該稅貨物。應照下列辦法。豁免釐金。及其他一切內地捐稅。但鑒於現在中國政治情形。各國自必先須中國政府所定裁釐計畫及此項稅收。分撥各省以代釐金之辦法。與有關係各省當局。合力實行。能令各國滿意。然後可應允中國徵收抵補釐金特稅。又逆料中國政府對於某種在華製造品與出產品將徵收出廠稅。幷外人在華製造各品。亦可得關係各國同意徵收是稅。但須了解華人所製造之同樣貨品。亦須一律徵收。以及訂立美滿辦法。(照下列標準。)將此項製造品按照『出廠特別待遇』貨物。暨

徵收抵補釐金特稅之計算法

完納出廠稅內地稅之紙烟之成例。（在某某等省實行紙烟銷場特稅以前）以後得免內地一切捐稅耳。

(2) 進口貨與本地製造品照進口稅三分之一徵收抵補釐金特稅　所有進口洋貨與完納出廠稅之本地製造出產華洋各貨。均照進口稅三分之一。徵收抵補釐金稅。是即爲進口稅與抵補釐金稅之總數之四分之一也。例如某項貨品之進口稅爲值百抽七·五。則其抵補釐金稅爲值百抽二·五。又如進口稅爲值百抽十五。則其抵補釐金稅爲值百抽五。至抵補釐金稅之確定過渡時期附加稅率亦須計及。是即謂如經協定某類貨品足擔值百抽十之稅率。則其四分之一即值百抽二·五爲抵補釐金稅。其四分之三即值百抽七·五爲進口稅。

(3) 徵收抵補釐金稅與抵補釐金委員會之監管是項稅款　抵補釐金稅。應由海關與進口稅或出廠稅同時徵收。（關於本地製造物。如烟酒等品。自應遵守所規定之任何其他辦法） 其稅收則存放於中國政府所指定之上海各銀行。在各該銀行積成是宗款項。由抵補釐金委員會分撥各省。以代釐金。按照中國政府聲明之意志。此項委員會。應由中央經徵機關。各省各特別區財政廳長省議會。暨全國商會聯合會之各代表組織之。其稅收應悉數分撥各省。以代釐金。幷爲擔保公衆協同贊助辦理裁釐及分撥稅款以代釐金起見。所有抵補釐金稅款出入業經審計之帳目。應逐年公布。至抵補釐金稅欵。既使存放上海銀行。則抵補釐金委員會。亦應設在上海。行使職務。良以上海爲最便於分撥該稅稅欵之財政中心點耳。

(4)完納抵補釐金稅。俾貨物得照子口單章程。免繳以外一切捐稅。暨國貨得與洋貨。一律享受新辦法之利益。 進口洋貨與本地製造出產各品。既已分別完納進口稅。或出廠稅。及抵補厘金稅。自得在進口或製造或出產地方。連同通商口岸之城裏或各縣城在內。與在距通商口岸一百華里之附近鄉間。自由行銷。此項貨物。如向內地轉運。無論經由水路鐵路或其他交通機關。皆得以子口稅單免繳所有子口稅、落地稅、及其他各式之內地捐稅。（包括徵收轉運器物之捐稅規費在內）。直接落於貨物本身者。又此項進口貨及本地製造或出產各品。持有內稅憑單。運往另一通商口岸或照中國政府聲明取消沿岸貿易稅之志願。免稅運往沿海一帶。亦得一樣在所運到地方。自由行銷。幷得以免費領取子口單。俾其便於以後運到之內地。至他項國貨。任物主自願按照下列辦法。完納抵補厘金稅。亦得與進口洋貨及繳出廠稅之本地製造出產各品。一律使用子口單。並受子口單之保護。是以就進口洋貨與完納出廠稅之本地製造或土產之華洋各貨而言。則抵補厘金稅實爲必須完納之稅。而就他項國貨。連同出口或本地製造所需之原料在內。俟將來裁厘時應免一切捐稅者而言。則該稅實爲聽人自便之稅也。至內運與外運之子口單。均應仍由海關發給。關於烟酒等品之貨品。自應遵守任何特定辦法。而關於發給與使用之詳細手續。自應共同協定。包括關於貨品重裝與進運之圓滿辦法焉。

(5)內運子口單之發給　對於業已完納抵補厘金稅之一切貨物。即進口洋貨與納出廠稅之本地製造出產各品。皆應以免費發給任至中國何處之內運子口單。又對於任何他項貨物。亦得照所徵外運子口單貨物之稅率。(見第七節)繳納同等抵補厘金稅。依據請求。而發給上項子口單。

(6)內運子口單貨物所納抵補厘金稅之分撥各省　携有內運子口單貨物所納抵補厘金稅之收入。應由徵收機關代理抵補厘金委員會。按照子口單所載該貨運往地點。直接分撥於有關係之省當局。例如一百箱貨物運入漢口。共値一萬元。或每箱價一百元。(試照値百抽二・五計算) 應繳抵補厘金稅二百五十元。其中五十箱在約離漢口一百華里以內行銷。自無庸使用子口單。又二十五箱係運往湖北內地。又各十箱運往湖南與陝西內地。其餘五箱運往甘肅內地。均各帶有漢口海關不取費所發之子口單。則所征五十箱之抵補厘金稅一百二十五元。應付入抵補釐金稅款項下。按照協定分配之法。交給本地各當局。以換補其立即完全裁撤距離漢口一百華里內之所有厘金與厘卡。(俟第九節末段再行說明) 至二十五箱之抵補厘金稅六十二元五角。則由海關付給湖北省當局。其十箱之抵補厘金稅二十五元。則分別付與湖南陝西兩省當局。又五箱之抵補厘金稅十二元五角。則付與甘肅省當局。大約此項按照運往地點分撥稅欵之辦法。確爲最單簡而最公平之手續。固不必由貨物所通過之各省分關稅欵。良以各該省境內均有貨物運

片面利益之外運子口單草案

到。自可取得相當成數也。至各厘卡對於帶有內運子口單之貨。則除照現在辦法免稅放行外。別無他項職務。並俟子口單交到最後一卡時將該單交還海關。俾可將所載該貨應繳抵補厘金稅之數。付與有關係之省庫耳。若中途出售貨物。則應將所售之數。註入子口單上。並將抵補厘金稅。按照出售地點。付與有關係之省當局。

(7)外運子口單之發給　外運子口單。應照所請發給。俾任何貨物由內地任何地方至發給該單之通商口岸。得免沿途一切之捐稅。祇憑將等於該貨出口稅一半之抵補厘金稅。如數完納。不問請發子口單者屬於何國國籍。以及該貨最後運到地點是否出洋。抑在通商口岸行銷製造也。除關於貨主國籍及其輸出外洋之現行限制得行蠲除外。其餘發給並使用外運子口單之手續。與關於該單各厘卡之職務。大體上仍舊不改。是即謂子口單應在通商口岸發給。註明貨物種類。及所定購貨地方。然後將此單送往內地購貨。再將該貨連同子口單運往口岸。沿途第一釐卡既即查明貨物。並將該貨數目核對。註入子口單以後。其副本即送往該口岸海關。由該關徵收請有子口單商人所應繳稅款之數。該商人應照子口單副本所載應繳之數。負責納稅。又外運貨物。除完納出廠稅之本地製造或出產各品。本須照繳抵補厘金稅。因是得以免費領取外運子口單者。外其抵補厘金稅之完納與否。及外運子口單之使用與否。均聽其自便也。

(8)外運子口單貨物所納抵補厘金稅之分撥各省　凡携有外運子口單貨物所納抵補厘金稅之收入。應由徵收機關代理抵補厘金委員會。照出貨地點。直接交付有關係之省當局。換言之。亦猶內運子口單貨物所納抵補厘金稅之收入。按照運到地點分撥之旨也。

(9)在各口岸行銷與不用子口單貨物所納抵補厘金稅之分撥　凡在各

口岸或他處行銷而不用子口單之貨物。無論爲進口貨或本地製造品。其抵補厘金稅之收入。應在抵補厘金稅項下。由抵補厘金委員會估量各省是否按照中國政府與該委員會通過之計畫。撤去所有厘卡。以完成裁厘事宜。斟酌將該欵分撥各該省。則用子口單按貨攤撥之辦法。實屬無謂之至。大約在口岸地方所銷貨物之抵補厘金稅。當可由徵收機關提撥極厚成數。逕付有關係之本地官廳或省當局。以補償其立即撤消所有厘卡。與廢除距該口岸一百華里內。所有各種貨物之釐金與他項內地捐稅。惟出廠稅與附帶之抵補釐金稅。不在其內。

(10)結論　若照上開各辦法。辦有成效。試觀某類華洋貨物將實行裁釐。與各省可得所失釐金收入之補償。則對於裁釐及抵補釐金稅分撥各省二事。當已有籌備之方法。並進行確定之步驟。至爲完成裁釐事宜。與革除現行徵稅制度所生貿易上一切障碍起見。則仍在各省當局裁撤所有釐卡。然後收受分配各省之抵補釐金稅全數內之相當成數。以償其裁撤各種貨物釐捐之損失。一俟裁釐辦成（無論見諸單獨數省或中國全部與一部及所有釐卡完全消滅）則各貨自可無復需用子口單矣。但於業已裁撤地方。如再行收釐設卡。則使用子口單之事。又將再辦。至公布報册載明攜有子口單往來內地及行銷各口岸貨物之抵補釐金稅所應付各省庫者。計有若干。自可輔助中國政府與抵補釐金委員會。俾其按照所通過計畫。最後確定每省在該款項下所應得之成數也。

（11）裁釐之範圍　須知裁釐係指裁撤各貨經過及運到地方之一切捐稅。包括所收轉運器物捐欵規費直接落於貨物者而言也。似此裁釐則所有稅站稅卡之撤消。自屬在內。並應定一原則。即在洋貨及完納出廠稅之本地製造出產品。各自條約實行之日起。在所有在華各貨自切實裁釐之日起。除進口稅出廠稅及各應與兩稅同時并繳之抵補釐金稅外。

日本堅持二・五附加稅之理由

不納任何他項之稅捐也。

第二、過渡期附加稅。　關於附加稅問題。最初各國多堅執華府協約第三條之規定。二・五及五分以上（奢侈品）之稅率。嗣各國代表。對於稅率一節。以借欵債權收回之不確實。毋寧承認稅率之增高。故最近各國。對於附加稅增高稅率一層。頗不堅持反對。惟日本則堅持獨力。按日本芳澤公使於上年十一月六日曾提出節略於第二委員會。聲明附加稅之增徵。原則不得趨過二・五。並聲明日本對於整理公債之本息。可寬限三年。將此欵供中國政府之用。其理由如左。

⑴中國政府之收入　現在中國政府之確定財源。爲關餘鹽餘及烟酒印花各稅。每年可得四千八百萬元。增稅之後。因貿易之旺盛。關稅當有自然增收。此款有三百萬至六百萬元。又因擔保責任之解除。騰出之關稅收入。每年有六百萬至一千萬元。更加二・五附加稅之增收每年三千

萬元。合計約達九千萬元。此爲增稅後中國政府之可靠收入也。

(2)應行清理之債務　中國政府之內外債中應行清理者約有八萬萬元。其中國債二萬萬元。外債中日本占四萬萬元。西原借款年息二萬三千萬元。實業借款一萬七千萬元。美國六千萬元。英國五千八百萬元。法國七千五萬元。合計八萬萬元弱。日本於必要時。對於西原借款中之某部分。並可放棄其債權。則應清理之內外債。當在八萬萬元以下。

(3)整理公債之寬限　以上八萬萬元之債務。總括的以關稅收入爲擔保。發行整理公債若干萬萬元。即將新公債抽換舊有內外債務。一律改爲新公債。利息務輕。年限務長。則中國現在以關鹽兩稅作擔保之債務。均得騰出擔保品矣。更得此新公債本息寬限三年。在裁厘實行及實施自主稅率以前。前述一項中國政府之收入九千萬元中。每年中央行政費作爲三千六百萬元。亦可餘五千餘萬元。以此五千餘萬元充裁厘基金。

儘可敷用。關於厘金稅收。據中國代表聲明。固爲七千萬元。然據日本方面之計算。不過六千萬元。況當裁厘之初。非全國一律裁撤。必由中央政府政令所及之地。先行裁厘。而後逐漸及於其他各省。故初年所需抵補金額。當無六千萬元之巨。此三年間之緩付。共有一萬五千餘萬元。中國政府所需裁厘之抵補。據預算只有一年。則一萬五千餘萬之基金更足應用矣。根據以上理由。中國政府於二·五附加稅實施後。雖負有清理公外債之重責。然既有三年間緩付之基金。則此二·五附加稅之增收年額三千萬元。事實上可用於中央政費及厘金一部之抵補。況清理債務之後。中國政府之國際信用。自當增高。財政基礎。亦當逐漸鞏固。以較驟然增加重稅。轉嫁於中國國民。致減殺其購買力者。其利必多。於中國之財政現狀及今後設施。均可於實際的獲得效果。此日本所以絕對反對二·五以上之增稅也。

日本代表此次聲明整理公債本息。緩付三年。并有拋棄西原借款一部債權之表示。且聞日本政府。對於此種緩付三年之主張。已具決心。即使各國反對。日本亦決計單獨實行。但使中國方面表示同意。日本即當自行與中國協定一切。是從表面上觀之。日本對於中國。似爲特別之友善。然識者推測其內容。以西原借款之性質。全係政治借款。當時日本政府之用意。固不必推敲。但其所得結果。惟有助長中國年來之內亂而已。以助長內亂之無擔保不確實之債權。不特我中國人早已否認。即外人亦多有攻擊之論調。今乃乘關稅會議。將不確實之負擔。而更訂一確實之辦法。故雖緩付本息三年。更足以窺日本之用意耳。

第三、稅收用途。　關於稅收用途之議案。我國分爲四種。即第一、裁釐抵補。第二、建設經費。第三、整理內外債。第四、中央行政費。已如上節所述矣。而各國則置重於整理債務之一種。關於此節。英國代表。曾有一種新提案。提交於本會議。

英國對稅收用途之提案

玆錄其譯文如左。

(1)津浦粵漢兩鐵路借欵合同中。中國政府。曾聲明該項借款。於裁釐時。以關稅收入償付之。故應由附加稅收入中。每年撥出九百萬元。以至一千萬元。充該兩鐵路借欵償付時之用。

(2)其他鐵路建設之關係債務。應與一般整理公債之普通借款劃分。另發行鐵路整理公債。爲保證償付之用。此欵應由附加稅收入中。每年撥定一千萬元充之。

(3)裁釐基金。應徵收特別附加稅充之。即於現在協商中之附加稅外。另徵其四分之一之釐金抵補特稅。

以上三欵新提案。尤爲法比等國所贊同。因之各國態度。遂變更而爲下列兩種之傾向。即（一）與其爲稅率問題之堅持。不如側重於債欵收回之確實。（二）欲藉日本對華輸入品之課稅。爲各自對華借欵之取償是也。

日本對各代表爲外債之提案

至於日本全權代表。關於內外債整理問題。亦曾提一案於各國代表。以表示日本政府之主張。其內容如左。

(1)應行整理之借款　無擔保及擔保不確實之內外債。並包括財政交通兩部之關係借款。曾經中央政府正式承認保證償還者。

(2)借款額之决定　依照第一項範圍調查竣事後。將其已以現款或物品償淸其一部以至全部者。扣除所得之總額。即决定爲應行整理額。

(3)推定總額　以十萬萬元爲整理之基礎。且以爲整理基金之必需額。

(4)整理基金　(一)將關稅課以從價二釐五之附加稅。(奢侈品則課五釐。)(以後即由該項收入盈餘中積存整理所需之金額。(二)過渡期內。不以基金充借欵之整理。本息之支付。亦暫時中止。(三)過渡期後。如積存預計以上之基金。則借欵整理公債基金。亦隨增加。其餘收入。卽以充本金之支付。

(5)整理辦法　(一)發行整理公債。以一般關稅收入作擔保。但此新公債。於現存借欵中。以關稅收入爲關餘擔保。償還之次。有優先權。新公債按照票面額數。分配於債權者。(二)此項新公債分配後。舊債務即同時消滅。其關於債務中之本息支付擔保之經濟政治特權之特別契約。概作無效。(三)整理借欵。應同等待遇。於同一條件之下整理之。(四)整理公債之利息。最初取低。漸次增高。其本金之償還。最初二三年間。全行中止。漸次增加之。(五)整理公債之本息。按照舊債務契約所示之貨幣付欵。但依債權者之希望。得將舊契約所示之金額。換算中國銀元。(六)整理公債之條件。(1)利息自一九二六年起。三年之間。定爲四釐。(其間利息之現欵支付中止之。)(2)自一九二九年起。向後六年間定爲五釐。(3)自一九三五年以後十八年間。定爲七釐。(4)對於大債權者發行與利息額相當之公債。對於小債權者則以現款支付之。(5)本金之償還。最初六年間停止之。其次之二十一年間。分次償還。

(6)整理案之實行與專門委員 (一)本會議於整理案決定後。組織關係國之專門委員會。作成具體案。經債權國政府承認後。實行之。(二)不贊成本整理案之債權者。得照舊契約行之。(三)整理公債基金。爲保護公債之信用與所有者利益起見。應存儲於關係債權國之銀行。

關款存放今昔不同之辦法

第四、關款存放。 我國關稅一欵。自甲午庚子二役以後。雖爲借賠兩款之擔保。然其稅收。猶完全爲我國政府所支配。各海關收入。向歸解海關道。即各海關內部所需行政經費。亦依一定額數。向關道具領。江海關道。則將所保管之款。分存上海各官銀號。及各錢莊。至民國初元。各省政法紊亂。其向來認解之京協賠借各欵。往往積欠。因此各外國銀行。乘機在上海組織委員會。以清理積欠爲名。草擬辦法八條。送由北京外交團轉交我國政府勒令照行。但此項辦法。並非一種條約。且該辦法第八條。有『如有應行更改之時。得以斟酌損益』之語。是在國際法上。不應受何種之拘束明矣。現我國代表。業經於會議各國代表說明中國自定之存放保管關欵方法。且於第六欵、有「中國改府爲鞏固債務之信用起見。將關稅稅收。撥交與債務有關係之銀行保管」云云。是此項提案。當爲各代表所不能爭持者也。但美代表提案中。有「增加之收入。須由海關保管。按照本會議所規定之用途支用」云云。然此等提案。或非美代表之本意。且以海關保管收入之款。於財政原則上。亦向無此種辦法。是此案當無討論之價值耳。

第五、陸路關稅　關於陸路關稅問題。案之從前各國協約。本有減收三分一或免稅之規定。我國代表。於華府會議時。業經提議。應與關稅一律辦理。各國已表贊同。惟其後法國以滇越邊境關稅。爲對華貿易之大宗。對於此節。特別提出保留。並與我政府往返交涉多次。至今未決。日本對於安東關等處之陸地稅減收辦法。亦倣法國之例。聲明保留。爲其他讓步之交換。惟英國對於緬甸之陸境關稅。已決定不保留。故我國政府。對於法國之保留交涉。堅持反對。恐啓日本之效尤。至於俄之濱江關。則有中俄協定爲根據。其減稅辦法。當然不能任其復活矣。

第四節　列國停會之宣言及中外相持之要點

關會進展之打擊

關稅特別會議。自承認自主案通過而後。其間因情勢之變遷。漸有趨於無形停頓之狀態。每星期五中外各代表但在荷蘭公使館開非正式會議。政潮既起。段政府爲對內緩和反對者起見。聞有向各國疏解表示讓步。冀雙方得以接近妥洽。其時外間相傳。有日本放棄其二・五附加稅之堅持。另由英美日三國共同妥議稅率之說。幷謂日本專門委員佐分利氏返京後。會務卽切實進行。其續開正式會議至三月止。定可完全討論完竣。此種宣傳本不爲無因。然自段執政下野。我國全權代表如第一委員會主席王正廷。第二委員會主席黃郛等、相繼出京。而各部署處之兼任代表。亦陸續去職。我國代表方面。僅有顏惠慶蔡廷幹等在京。故此月餘日間。所謂關稅會議者。完全陷於無可進行之境。即予各國以宣言停止關會之一良好機會也。

英國動議停止關會

停止關會之最先動議者。厥惟英國。六月十日各國代表會議時。英國代表即提議中國正式政府遲未成立致本會議停頓已久不能進行英國政府以為此時應宣告停止俟將來有繼續開會時再行會議其時美國代表以華府會議美實為其主人而關稅會議乃由華府協約而發生為顧全美國體面起見須完成此項會議且須遵守華府協約之規定議決二・五附加稅及五分以上之奢侈品稅目下中國正式政府雖未成立然不久自有實現之一日不如再繼續維持免引起中國人民之誤會日本代表之意見與美代表大致相同但對於自主權問題則主張須有一種明白之解決不可無形打消使各國贊助關會之美意無從表現斯會因英美日三國代表之意見不一致故無結果而散迨至六月三十日。

英國第二次之提議

各國代表復集會一次時英國代表復賡續前議謂中國政府至今不能成立

就目下情勢觀之，開會殆已無望，且現屆夏期，各國代表均須出京避暑，不如乘此時機停止，將來可否繼續開會，姑俟中國政府正式成立時再議。是日各國代表以茲事重大，非先候各本國政府訓示不能解決，故散會後各國代表各電陳於本國政府請示。至七月二日各國政府覆電先後到京，乃於三日復召集全體代表集會（除中國），首由英國代表聲明，謂其本國政府訓令業已接到，仍令停止開會，而其他各國亦由各該國之駐英公使與英國政府商洽妥協，一致贊成英國之主張，故各國代表對於英國代表所提議之停會亦一致可決。此英國主張停止關會之前因後果也。

停止關會案之可決

英國迭次爲停止關會之提議，經七月三日各國代表滿場通過後，同時卽由英美日法意比西荷葡等國公使在荷蘭公使館議决左列之宣言，其文如左。

停止關會之宣言書

出席中國關稅會議之各國代表，今日早晨在荷蘭公使館開會，議決一致眞摯希望，俟中國代表能正式出席與外國代表復行討議時，當立即繼續會議。

英代表之單獨宣言

特此宣言。

前項宣言。除由各國公使館各別發表外。復由首席公使歐登科。通知於我外交部。但於此項宣言之先。英國代表與日本專門委員。復各有單獨宣言。其文如左。

甲、英國代表之單獨宣言。　關會停會之主動在英國。夫人而知之矣。而英國代表爲粉飾中英兩國感情起見。復發出一種欲蓋彌彰之單獨宣言。文曰「大英政府對於關稅特別會議之態度。其屢見於本處及日本各報之登載。有謬誤失實。足滋誤會。茲本大使遵奉本國外部大臣訓令。於今早在關稅會議各國代表談話會上。發表如下之聲明。即謂奉本國政府訓令。囑爲聲明本國政府。實有欲履行華會條約之意思。設中國政府願徵收該條約所規定之附加稅。則本國政府甚欲贊同。且中國代表如欲貫澈此項目的。有任何合理之主張。亦願尊重華會條約之文字及精神。與以討論。又下次開會時。中國代表設有提出華會附加稅。即實行徵收之方案。該方案如能得各方之同意。則本國政府斷無因中國時局之變遷。至於暫行停會。因此而拒絕或中止其締結關稅條約談判之意也。』一九二六年七月三日。

日本委員單獨宣言

乙、日本專門委員佐分利氏之單獨宣言。　案日本委員之論調。第一、謂續開會議。非經列國承認之正式政府不可。第二、謂僅將二·五附加稅決定。即行停止會議。就文義觀之。更不如英代表之圓滑。文曰『關稅會議。近因中國政局關係。僅由各國代表間研究協議之基礎。已經成立。惟待與中國方面再開會議而已。故此項聲明。但表明靜待中國之要求。無論何時。均可續開會議。惟得以要求續開會議者。非經列國承認之正式政府不可耳。各國代表間。非無先得各國之案。決定靜待中國方面自由決定承認與否之意見。然關稅會議。係與中國協議之性質。當然應待中國方面之參加而作成議案。故各國僅將協議基礎研究決定。尚有作成最後之案。外間宣傳。雖有二·五附加稅問題決定。即行停止會議之說。然此次聲明。即欲表明會議自身。並無何等變化。以後

停會一致通過之二種主因

會議依然可貫澈自主權。最後更要言明者。日本之態度。自開會迄今。始終一貫。毫無變更。』

關會停會。美日二國。始不贊同。而其後竟至一致通過。而發表前述之宣言者。其原因雖甚爲複雜。而約舉其大要。則有左之二點。

第一點、基於我國政局現象而發生者。　我國政局。自段政府推倒後。北京一時。雖無正式政府。然實際上之政治勢力。各國實已默認吳佩孚張作霖爲時局中心。吳張入京會商之議。既醞釀多時。國人咸望其入京會商後。正式內閣。即可成立。斯關稅會議。即可繼續開會。從速作一結束。惟吳張晤談結果。置重於西北軍事之進展。而對於關會未有所表示。且吳張出京之後。所謂閣揆人選。遲遲不能解決。而我國全權代表與兼任代表。除顏惠慶一人因內閣糾紛。無心兼顧關會。蔡廷幹名雖未去。而事實上幾等於辭職者外。其他各代表皆紛紛出京。致關會幾無人與各國代表商洽。遂予外人以可乘之隙。此英國主張停會之動議。所以能趨於一致者一也。

第二點、基於過渡期稅率問題而發生者。關於過渡期增收附加稅之問題。各國早已議決此點於開會討論之範圍。祇能以二•五附加稅及五分之奢侈品稅為限。我國代表自開會以後。迭經提議增加。若不經此一度之停會。則於正式政府成立續行開議時。難保不賡續堅持增加各國亦不能不照華府協約所規定之稅率而稍為超過。今經此停會宣言後。則我國若欲再開會。則各國得先徵求我國政府之意見而決其應否。如是則可迫我國不能不受華府協約之拘束。不必爭之於會場。即可以外交手段。貫澈其最初所議決之目的。而責任且可盡嫁諸我國政府身上。避免中國人民之反對。此各國對於宣告停會之一致通過者又一也。

猶幸吳佩孚於列國宣告停會之頃。發表合理的宣言。促各關係國覺悟。而世界耳目。為之一新。不啻予垂死之關會。以有力之興奮劑。其宣言如左。

所謂片務的關稅協定。即強國加於弱國一種之侵略束縛。在交通不便。國際貿易未發達之時代。此種束縛尙淺。在今日交通大開。國際貿易日趨隆盛。而遭此種束縛。則不惟難以保護調節國內產業。且對於輸入品之必要與否。亦無法爲之選擇。結果使自國產業發達絕望。人民生計日陷窮乏。而國家財政上之損失。尙有不可紀極者也。此次我國全權一致主張關稅自主。激昂奮慨。始終不變者。良以關稅自主與否。有關於我國四百兆人民之生死。故不能不力爭也。且自與海外通商以來。我國日趨貧困者。原因固多。而不得關稅自主權。實其最大之原因。各國此次頗能諒解我國民之苦衷。於開會之初。通過關稅自主案。予不勝欣悅感謝。今事已垂成。若被破壞。殊堪嘆息。予欲督促政府使繼續開會。切實進行。今特向貴諸記者。切實聲明。即各國旣能尊重我四百兆人民之意見。今復藉詞而破壞之。若列強不允中國恢復關稅自主。中國惟有自動的宣告自主而已。

列國目的因利害關係而差別

雖然、就各國共同宣言中。有『俟中國代表能正式出席。與外國代表復行會議時。當立即繼續會議。』云云。是我國若有正式政府。自能力促會務之進行。至其會議之趨勢。將來能否滿足我國最初之所期望。則視我國民氣輿論之後盾如何。蓋民氣輿論最足爲政府外交方略之援助也。今我國政府。對於此次關會之所期望。於開會初期之提案。可以覘其大概矣。至各國在關會上之趨勢如何。則因各國利害關係之不同。而其目的遂不無差別。試將英美日法四國之態度。列舉如左。其他各國因關係不及英日等國之密切。故無何等重大之表示。其態度亦較爲緩和耳。

英國態度及中英間相持之點

第一、英國　英國商業最爲發達。而其對華貿易之物品種類。雖與日本不同。而其貿易額實占最多數。故對於附加稅稅率問題。陽雖讓諸日本之爭持。陰則操縱殊力。我國代表前由普通品與甲乙兩種奢侈品之區分。而改爲七類之進口稅。此案提出後。曾經英美日三國代表。於本年一月間。商同一致之意見。

將普通品課值百抽二分五厘以至四分之分級稅率。加以進口正稅五分。及子口半稅二分五厘。計總稅率可至一成以至一成一分五厘。其中最低率之二分五厘。以適用於必需品爲限。（如日本棉紗棉布之類）至甲種奢侈品。則課一成七分之稅率。加以進口正稅及子口半稅。可得二成五分。乙種奢侈品。則課七分五厘之稅率。加以進口正稅及子口半稅。可得一成五分。依此辦法。其最低率與我國所讓步之限度相等。而其最高率以進口正稅及子口半稅合計。只有一成之相差。以雙方爭持相差之一成。處於會務進行順利時。尙不知須經幾番之磋議。經此次停會。更不知將來之變化如何耳。

至於稅收用途。我國分爲四項。（抵補釐金、建設經費、整理債務、中央行政費）幷定三・三・三・一之分配額。英國代表則主張整理債務。應列於第一項。與各國代表之意見從同。其餘三項亦均無異議。惟整理債務一層。英國則以津浦湖廣兩鐵路之借欵。原約係以釐金爲第一担保品。關稅爲第二擔保品。

主張今日關稅之收入。應列左列辦法支配之。

(1)先由關稅收入總數中。扣除關稅徵收費用。

(2)支付庚子賠款等以關稅爲第一擔保之借欵。

(3)津浦湖廣兩鐵路借欵。係以釐金爲第一擔保關稅爲第二擔保。現旣裁釐。則裁釐之結果當然以關稅爲第一擔保。故此項借欵。應先於其他無擔保債欵而償付之。

(4)除以上三項外。最後乃支付無擔保之借欵。此種無擔保借欵中。更當細分爲三項。即(一)各種材料欠欵。(二)鐵路借款及其他經濟借款。(三)政治借款。償付辦法。須照此順序辦理。

如右所列之英國四項辦法。不特與我國分別性質緩急之辦法相近。且各國對於英國之主張。亦多贊成。荷蘭代表。並已提出一案。完全贊同英國之主張。對於材料欠欵。且主張特別發行五百萬磅公債爲償還欠欵之用。其他如互

美國態度及中美間相持之點

惠協定問題。關款存放問題。雖未有如何表示。然不難想見大概矣。

第二、美國　美國以此次關會實根據於華府會議而發生。故對於此次會議。總含有幾分之好意。觀其最初提案。對於附加稅一節。有『過渡辦法。進口稅先實行二・五附加。惟可在此過渡期內訂定一種新條約。此新約發生效力後。進口稅率可增至一二・五。出口稅率可增至七・五。海陸稅率同一征收。』云云。可知一二。惟提案中亦有不合於情理者。例如

⑴裁撤釐金　美案則主張。凡各省一切之類似釐金。概須實行裁撤。且與會各國。在中國實行自主以前。得派員審查是否一律裁撤。抑知釐金範圍。就廣義言。則一切出產稅。落地稅。皆包含在內。就狹義言。則只以各地釐局釐卡所課之通過稅爲限。我國提案。則取狹義。若照美案辦法。不特於經濟困難之中國。爲勢所難行。即從論理上解釋。亦有所不可。至於派員審查。尤侵及我國主權。蓋我國裁釐實出於我國革新內政之決心。並非爲收回關稅

自主之交換條件。各國若於過渡期中予以多少之援助。屆期未必不能實行。若如美案所云。則各國派員審查。因利害相反。而藉口於釐金之未盡撤。則所謂國定稅率之實行期。勢將臨時展緩。與各國承認自主之美意。毋乃相反乎。

(2)關款存放。美案以關稅收入。完全須由海關保管。抑知關稅收入。爲中國稅收。不特於回復自主以後。中國得有權保管。即未實行自主以前。以中國年來不無信用昭著之各銀行。外人亦無把持之理。就民國邇年之情形而論。海關總稅務司之支配關欵。幾有反客爲主之勢。我國政府。提用關欵。非但不予通融。卽例所應得之關餘。亦須仰承該總稅務司之鼻息。而謂回復自主之後。其稅收當須存放於海關乎。此其弊不待辯而明矣。

第三、日本。此次關稅會議。於日本最有利害關係。盡人皆知。毋庸諱言。故日本對於我國所提各案。一方爲會議上之堅持。一方則注重於互惠之協定。分述

日本態度及中日間相持之點

如左。

(1)二·五附加税　年来各国对华贸易日本实有一日千里之势。且日本所销售之货与英美不同。英美货类皆精制品。为华人所能仿造者极少。而日本则多为粗制品。皆华人所能仿造。设征税稍重。销路必因之锐减。然此犹就进口税言之。至于出口税。日本商业在我国商埠附近。违约设厂。为数不少。以出厂税而论。照值百抽五之税率为已足。若为增加。则出厂税亦须增加。此中损失更不可胜计。此日本不能不坚持二·五附加税之理由也。

(2)税收用途　关于用途一层。各国多注重债欵。但日本借欵。其大部分与各国借款之性质亦不同。故对于英国顺序偿付之办法。日本极为反对。经磋商结果。始持无差别待遇之主张。且拟于适当时期。自行声明。将前此所提三年停付本息案撤回。为无差别待遇案之交换。然大势所趋。此等三年停付本息案。即不撤回。亦必否决。其无差别待遇案。结果亦终难通过。目下日本當局。有主張從速設法將借款性質變更求適合於各國借欵之性質。得同立於同一基礎之上。以免將來之糾紛。但此等辦法。能否得各國之同意。尚屬疑問。不過關於債務整理一節。關係極爲複雜。似非關稅會議中所能解決。且亦不屬於關會完全解決之問題。故結果關會中只能爲整理大綱之決定。至其詳細辦法及數目多寡等具體問題。當於關會終了後。另由中國與關係國組織一種專門委員會以決定之。現此說在關會中頗占勢力。將來終當如此解決也。

(3)互惠協定。　依關稅定率條例。中國與各國間得訂立互惠協定。且已訂立互惠協定之原則五項。其中與我國進行交涉最先者。厥惟日本。查日本代表。已於本年一月二十日正式提出照會。爲開始交涉互惠協定之要求。同時且提出數條之協定草案。經我國於一月二十七日贊成開始交涉。但於其提議之草案。則未置可否。又此項交涉。日本認爲應與關稅會議同時舉行協議。我國則以稅率之詳細貨品表未確定。及附加稅率未通過。不欲同時協議。祇於自主稅則實施前成立協定。爲已足耳。故此項協定。從未開始交涉。外間所傳期限十年之說。似不可信。且互惠期限爲十年。考之各國。亦無此先例。各國期限至長不過五年。斷無遽予十年之理。至於適用互惠稅率之貨物種類。務宜少不宜多。此中外兩方。業已承認。而日本則欲以棉花棉紗棉布爲主。文具藥品次之。查日本棉花棉紗棉布三項。每年進口（中國）之數。約達一萬一千六百餘元之譜。占日本對華貿易總額二萬三千四百萬元之半數。我國則以棉布棉花。（每年出口三千五百五十萬元）金屬礦產品。（每年一千一百八十八萬元）大豆豆粕。（每年六千一百九十四萬元）爲互惠品。每年合計。雖有一萬零九百三十萬元之數。亦約占對日出口額二萬零一百萬元之半數。然我國出口而輸入日本者。多係原料品。爲日本工商界所最歡迎。求其減稅而不可得者。故實際上終不能收互惠之實。總之我國工業幼稚。各國欲以製成品之對華輸入大宗者。易我國原料品之出口大宗。實際上無論如何合計。均不能得互惠之實益。故互惠協定之惟一救濟方法。須以年限最短爲最妙。聞我國當局。對於此節。亦已有所覺悟。或不至爲他國所利用也。

於此尚宜注意者。日案中載明中國實行自主前。須與關係各國締結新約。（即互惠協定）此項新約。係調換現行之關稅條約。應與國定稅率同時施行。就此案內容言之。則新約一日未成。舊約一日有效。新約一日未簽訂。則國定稅率一日不能實行。是去一舊約束縛。復來一新約束縛。且以日本外交之狡猾。將來締結新約。或藉故拖延。或藉端挑剔。勢必使我國出於委曲求全之一計。則日本之用心。更爲不可測者耳。

法國態度及中法間相持之點

第四、法國。　法國對華之海上貿易較少。惟滇越商務。皆爲陸境通商。故於陸路關稅。利害關係較切。自華府會議聲明保留。至今尚未解決。其過渡期之稅率。

將來自以海陸關稅。是否一律徵收。及有無互惠協定為斷。至對華債款。為額無多。（七千五百萬）故無其他之重大糾葛也。

總之關稅會議為我中國轉弱為強與國家財政轉絀為良之一大關鍵。各國因利害相反於會議上自不免爭持我國外交當局及全權代表若於其間有適當之應付更有民氣輿論為間接的援助則停會未必不可再開開後未必不可得妥協之解決祇拭目以俟之耳。

中國關稅史正誤表

種類	頁	行	字	誤	正
例言	一	二	一九	曾	台
本文	六	五		英國對華易之外交策畧	應改作「英國對華貿易之外交策畧」
眉頭	二七			常關制度之大變遷	應改作「常關制度之大變遷」
本文	三三	七	一九	會	曾
仝	三六	七	二	未	末
仝	三九	一〇	一三	口	此字衍文
仝	四六	二	二六	一	此字衍文
仝	四九	九	一	畫	劃
仝	五〇	一	一	果	變
仝	五一	三	三一	藍	芝
眉頭	五二			洋商在長江貿易之麥肆	應改作「洋商在長江貿易之恣肆」
本文	五三	六	二四	定	完
仝	五四	四	一〇	土	應改作「土貨」
仝	五五	一〇	一七	並	往
仝	五七	六	七	可	應改作「可將」
仝	五九	四		由領事印送監督存案暫將貨免稅放行	應改作「由領事蓋印送交監督存案暫將貨物免稅放行」
仝	五九	七	一	畫	劃
仝	六〇	一一	一三	休	城
仝	六一	三		各國長江稅章程商通商各口通共章程	應改作「各國長江收稅章程暨通商各口通共章程」
仝	六一	九	七	薄	暨
仝	六二	七	七	後	及
仝	六三	八		中英藏條欵	應改作「中英藏印條款」
仝	六三	九	一八	九	四
仝	六四	七	一一	洋	津
仝	六六	六	一九	十二之	應改作「十分之二」
仝	六七	八	六七兩字	在約	應改作「約在」
仝	六七	九	一	隶	肅
仝	六八	七	二二	三	五
仝	六八	八	二八	條	換
仝	六八	九	第五字起	而會配定	會商酌定
仝	七二	一	四	實	王
眉頭	八五			例優豁免	應改作「優例豁免」
本文	八六	一二	一六	臨	淩
仝	八九	五	二七	貨	應改作「貨物」
仝	九五	五	四	價	債
仝	九五	六	一三	防	妨
仝	九九	一	一三	欵	應改作「款未」
仝	一〇三	六	八	萬	億
仝	一一三	一二	一七	哈爾	應改作「哈爾濱」
仝	一二三	一〇	二五	土	出
仝	一二三	一一	二三	以及土產鴉片	應改作「土藥」
仝	一二四	一一	二三兩字	經收	應改作「所紬」
仝	一二五	三	三	商	應改作「商定」
眉頭	一二七			英國乘機展拓香港界扯	應改作「英國乘機展拓香港界址」
本文	一二七	六	二〇	俄	應改作「俄佔」
仝	一二八	一二	二三	定	料
仝	一二九	七	二三起	若貨物由海路運	此七字衍文
仝	一二九	八	一起	進青島口岸均不徵完進口稅餉	此十三字衍文
仝	一二九	九	一五	貨	應改作「貨若」
仝	一二九	一〇	二二	處	關
仝	一三〇	一二	一〇	庸	應加作「庸完」
仝	一三六	一	二七	法	德
仝	一三六	六	二〇起	之貨物在青島	應改作「之物則在青島」
仝	一三六	一二	二七起	兩倍照罰入關	應改作「兩倍罰充入關」
仝	一三六	一三	四	件	機
仝	一三六	一四	一	過	遇
仝	一三七	二	三〇	先	允
本文	一三七	六	三	過	在
仝	一三七	七	二二	區	應改作「區地」
仝	一三七	九	三七	稅	租
仝	一三八	二三	二	區	應改作「區域」
仝	一三九	六	一四	更	便
仝	一三九	九	一	貸	貨
仝	一四一	三	二二	租	應改作「租借」
仝	一四二	一三	二〇起	二五	應改作「二・五」
仝	一四四	四	二〇	時	此字衍文
仝	一四七	六	二三	訂	應改作「訂者相」
仝	一四九	九	二六二七字	舉列	應改作「列舉」
仝	一五一	一〇	一	劃	畫
仝	一五三	二		二等六十三名	應改作「二等五十八名」
仝	一五三	三		四等百十名	應改作「四等：百零五名」
仝	一五三	五		醫員四十名	應改作「醫員三十九名」
仝	一五三	六		上共洋員四百十三名	應改作「上共洋員三百六十三名附醫員三十九名」
仝	一五四	二		超等頭等二等三等四等計十五名	應改作「超等頭等二等三等四等計五十五名」
仝	一五五	一		上計華人三千零零四名	應改作「上計華人三千名」
仝	一五五	九		上計洋員五十一名	應加作「上計洋員五十一名（縱長在外）」
仝	一五五	一一		火夫計一百三十六名	應改作「火夫計一百六十三名」
仝	一五六	一〇	二五	鑒	簽
仝	一五七	五	二四	關	務
仝	一五七	八	二〇	稅	應加作「稅務」
仝	一五八	一	二九	除	有
仝	一五九	七	三	證	正
仝	一六一	六	二一	幣	帑
仝	一六二	七	一三	嘩	譁
仝	一六五	一一		監督務司	應改作「務司監督」
仝	一六五	一一		須至劄者	應改作「須至劄行者」
仝	一六八	八	一三	美	應加作「美日德」
眉頭	一八七			中國在巴黎會議之〇〇失敗	應改作「中國在巴黎會議之失敗」
本文	一九〇	五		戰後其南非屬地盡失	應改作「其南非屬地戰後盡失」
仝	一九三	七	三四兩字	破壞	弭除
仝	二〇五	一	六	期	明
仝	二一三	五	七	於	予
仝	二二一	一一	二四起	加徵值百抽二十之臨時附加稅	此十三字衍文
仝	二二三	一〇	一五	由	用
仝	二二九	九	三三起	鞏固基礎	應改作「基礎鞏固」
仝	二三二	一二	三三起	則為中央之損失	應改作「則為各省區之損失」
仝	二三六	八	六	華	應加作「華府」
仝	二四一	四	一	磁	此字衍文
仝	二四二	八	四	於	維
仝	二四二	一〇	七	偏	編
仝	二五九	八	一五	之	應加作「之第」
仝	二六九	二	一一	與	予
仝	二七五	一一	二二	微	增
仝	二七六	一一	一九	所	應加作「所需」
仝	二八三	九	九起	應謀於最短期間實施之方法	應改作「應於最短期間謀實施之方法」
仝	三〇〇	一〇	九	得	將
仝	三〇四	九	一	篇（	應改作「篇）」
仝	三一八	一一	一一	列	按
仝	三二〇	一〇	八	當	尙

稱類	行	格	誤	正
附表三（德國）	一九	（計）	一〇三	應改作「一〇二」
附表六（意大利）	三	（稅務司）	空	應添「一」字

敬啟

『專題史』叢書，乃民國時期出版的著名學者、專家在某一專題領域的學術成果。所收圖書絕大部分著作權已進入公有領域，但仍有極少圖書著作權還在保護期内，需按相關要求支付著作權人或繼承人報酬。因未能全部聯系到相關著作權人，請見到此説明者及時與河南人民出版社聯系。

聯系人 楊光
聯系電話 0371-65788063
2016年3月28日